CONOCIENDO MIS EMOCIONES

SIENTO *y* PIENSO MEJOR

M

Papel certificado por el Forest Stewardship Council®

MIXTO
Papel | Apoyando la silvicultura responsable
FSC® C117695

Penguin Random House Grupo Editorial

Primera edición: septiembre de 2024

Printed in Spain – Impreso en España

ISBN: 978-84-10050-33-4
Depósito legal: B-11.354-2024

Compuesto en Compaginem Llibres, S. L.
Impreso en Gómez Aparicio, S. L.
Casarrubuelos (Madrid)

GT 5 0 3 3 4

CONOCIENDO MIS EMOCIONES

SIENTO *y* PIENSO MEJOR

TUS EMOCIONES
TIENEN MUCHO
QUE CONTARTE.
APRENDE A
VALIDARLAS TODAS.

FRANCISCO VILLAR

Ilustrado por
SARA CABALLERIA

Montena

Índice

Introducción

Durante todos estos años, seguro que te han hablado mucho de las emociones. Te habrán dicho un millón de veces «No te enfades», «No te pongas tan triste» o «No tengas miedo», y también habrán celebrado tu alegría cuando algo te ha hecho feliz. Estamos acostumbrados a que las emociones formen parte de la vida, pero ahora ha llegado el momento de que las empieces a entender de una forma más completa. Ya sabes que vienen unos años muy interesantes, con nuevos retos, aprendizajes y diversiones, en los que serás protagonista y empezarás a adquirir más responsabilidades.

En este libro vas a entender algunas de las cosas más relevantes que tienes que saber acerca de las emociones.

Aprenderás qué son y para qué sirven, y, más importante aún, comprenderás cómo funcionan. Saber estas tres cosas te enseñará que las emociones pueden ser tus mejores aliadas a la hora de tomar buenas decisiones. Descubrirás que su función es ayudarte a vivir mejor, pero para lograrlo tendrás que ser capaz de distinguir entre cuándo hacerles caso y dejarte guiar por ellas y cuándo no. Así es, hay veces que la mejor opción es no seguir sus consejos.

No quiero hacerte espóilers de todo lo que viene, así que te diré solo una cosa. **Cuando nos asalta una emoción, como el miedo, el asco o la ira, solemos hablar de dos respuestas posibles: gestionar esa emoción o tolerarla.** Piensa, por ejemplo, en la rabia. Llega hasta ti como una ola, porque todas las emociones son como olas del mar, algunas más fuertes y otras más suaves. Puedes elegir gestionarla, subiendo en ella para surfearla e impulsarte hacia tu objetivo, o puedes optar por tolerarla, zambulléndote bajo la ola y dejando que pase por encima de ti sin desestabilizarte. Cualquiera de las dos opciones puede ser la adecuada para ese momento en que te alcanza la rabia. Eso sí, no podrás repetir la misma estrategia continuamente: tendrás que aprender a elegir cuándo usar una y cuándo otra.

Si insistes en surfear todas las olas que vienen, acabarás revolcado demasiadas veces, pasarás un mal rato e irás con el bañador lleno de arena. Si siempre te zambulles, nunca aprenderás a surfear las olas de tus emociones y, como alguna te pille por sorpresa, el revolcón será todavía mayor. Solo con la práctica te convertirás en un experto, tus músculos se fortalecerán y tu equilibrio sobre la tabla mejorará.

Para que la posibilidad de caer no nos paralice, hay que elegir bien cuándo arriesgar y, por supuesto, levantarse después de cada caída. El dolor es inevitable, y eso está bien. El sufrimiento, por suerte, sí es evitable, y eso es lo que vamos a aprender en estas páginas.

¿Te atreves a descubrirlo? Te aviso: si decides seguir leyendo, vas a mancharte las manos.

PARTE 1

EL MUNDO DE LAS EMOCIONES

1

¿Qué son las emociones?

No es la pregunta más fácil de responder, ¿verdad? Esto es porque, como te he dicho antes, estamos acostumbrados a sentir emociones, pero no tanto a pensar en ellas ni a intentar comprender de dónde salen y cómo funcionan. Así que empecemos por ahí: **las emociones son respuestas que genera tu organismo ante determinados estímulos**, ya sean **internos**, provocados por una reacción dentro de tu cuerpo o por un pensamiento, o **externos**, causados por algo que viene del mundo que nos rodea. Son respuestas involuntarias al mundo, externo o interno, o a la interpretación que hagas de él.

→ Ahora que sabemos que una emoción es una respuesta a un estímulo concreto que viene de dentro o de fuera de nosotros, ¿por qué no intentas escribir una lista de emociones y del estímulo al que las asocias? Así comenzaremos a pensar de forma más concreta en las emociones que mejor conoces.

Por ejemplo, cuando yo me inicié como psicólogo, me ponía muy nervioso pensar en mis primeras consultas. ¿Cómo te sientes tú según los estímulos de tu día a día?

ESTÍMULO	EMOCIÓN
El primer día de cole después de las vacaciones	Nerviosismo
En la última hora de clase antes de ir a comer	Impaciencia

Las emociones son algo tan básico para el ser humano que, durante mucho tiempo, se consideraron una simple reacción física del cuerpo. Aunque ahora pueda parecerte sorprendente, muchos psicólogos las ignoraban porque les parecían que no eran importantes.

Durante años, lo único relevante para los psicólogos eran los pensamientos y el comportamiento. No te creas que era porque no creían en la existencia de las emociones. ¡Nada que ver! Tenían claro que formaban parte de nosotros, pero no les interesaban justamente porque son reacciones involuntarias.

A los terapeutas les gusta promover cambios que lleven a la persona a vivir diferente, a vivir mejor, y durante un largo tiempo consideraron que, si te fijas demasiado en las emociones, a veces consigues lo contrario de lo que quieres, y casi nunca alcanzas lo que esperas.

FALSA CREENCIA

Es falso creer que si nos centramos en las emociones nos quedaremos atrapados en ellas. También es falso pensar que, como son involuntarias, no podremos hacer nada para cambiarlas y mejorar nuestra vida.

LA REALIDAD

Al no querer sentir una emoción no estamos aprendiendo a tolerarla ni a gestionarla, y tampoco estamos haciendo que desaparezca, lo que nos hace sentir mal. Cuando reconocemos lo que sentimos, podemos decidir ignorarlo, pero no antes. ¡Darle la espalda a un problema no lo soluciona!

Esto ocurre por lo que acabas de aprender: que las emociones son respuestas involuntarias. Nos enfadamos o nos entristecemos porque nos sucede algo, pero no podemos decirnos a nosotros mismos «Voy a dejar de estar triste» o «Ahora voy a tener miedo». Simplemente, no funciona así. Ese es el motivo de que a aquellos psicólogos les gustasen más los pensamientos, porque, aunque una parte de ellos son involuntarios, las personas podemos proponer otros de forma voluntaria, y decidir así en qué queremos pensar. Si tú fueras un terapeuta de aquel momento, quizá también habrías preferido trabajar con conductas y comportamientos, mucho más controlables que los pensamientos y aún más que las emociones.

¿Qué tienen en común las emociones y los colores?

Mientras muchos psicólogos ignoraban las emociones, un ingeniero, Leslie Samuel Greenberg, se interesó por ellas e hizo unas aportaciones que hoy, años después, siguen siendo importantísimas en el campo de la psicología. Su propuesta, tan simple como brillante, fue **conceptualizar las emociones como los colores**.

Los colores primarios o básicos son aquellos que no se pueden conseguir con la combinación de otros colores: amarillo, azul y magenta. Con las emociones, pasaría lo mismo: **existen unas emociones primarias, básicas, que no surgen de la combinación de otras, sino que existen por sí mismas, indivisibles**. A partir de aquí, el resto de los colores, como el resto de las emociones, pueden tener nombre propio (naranja, lila, marrón...), pero todos ellos se forman de la mezcla de los colores primarios, exactamente igual que las emociones secundarias. **Todas y cada una de ellas están compuestas de diferentes porciones de algunas de las emociones básicas.**

¿QUÉ DICE LA CIENCIA?

Otros investigadores han estudiado los colores para acercarse al mundo de las emociones. El químico Wilhelm Ostwald, que obtuvo el premio Nobel en 1909, prefería hablar de «sensaciones cromáticas» en lugar de solo «colores», y asociaba el color a una reacción tan física como mental. Hoy en día, existe toda una **psicología del color** que estudia cómo mirar diferentes tonos y colores puede provocarnos ciertas sensaciones y modificar nuestro estado de ánimo.

En la teoría del color, sabemos que para subir la intensidad de un naranja necesitamos incluir un poco más de rojo, y que si pretendemos bajar su intensidad, tendremos que aplicar más amarillo. Si podemos cambiar el tono, es porque sabemos cómo se forma cada color. **En el caso de las emociones secundarias sucede exactamente lo mismo: es fundamental conocer su composición si queremos aprender a trabajar con ellas.** Por ejemplo, es importantísimo entender que, dentro de la vergüenza, hay mucha de la emoción primaria del miedo. Así que, para manejar o regular esa emoción, deberemos usar los mecanismos reguladores del miedo. Paciencia, lo veremos con calma más adelante.

2

Las emociones primarias

Las emociones son como los colores del arcoíris: hay algunos colores básicos principales y muchos otros que surgen de la combinación de estos. Sin embargo, mientras que los colores no generan muchas dudas, el caso de las emociones primarias no es tan claro, y no hay un acuerdo unánime sobre cuáles entran en esta categoría.

LAS SEIS EMOCIONES BÁSICAS PRIMARIAS:

Tristeza
Alegría
Miedo
Ira
Asco
Sorpresa

→ Sobre las cuatro primeras no hay dudas. No obstante, algunos expertos se preguntan si el asco y la sorpresa son emociones primarias o bien secundarias. Para que puedas reflexionar sobre ello, te voy a dar un dato relevante: todas las emociones primarias son reconocibles en la expresión facial y corporal de las personas (¡e incluso de algunos animales!), lo que quiere decir que, si sientes alguna de ellas, es posible que se te note en la cara y hasta en la postura del cuerpo.

Me apuesto lo que quieras a que incluso sabrías expresarlas en un dibujo. ¿Te animas a hacer la prueba? Intenta dibujarlas y verás cómo, casi sin pensarlo, te salen unos rasgos que usamos todos a diario. ¡Así de fundamentales son!

TRISTEZA

ALEGRÍA

MIEDO

IRA

ASCO

SORPRESA

Y ahora, ¿qué opinas tú? ¿Crees que deberíamos considerar la sorpresa y el asco como emociones primarias?

Aunque los científicos no se pongan de acuerdo, tú y yo, a lo largo de este libro, vamos a hablar de **seis emociones básicas: la tristeza, la alegría, el miedo, la ira o rabia, el asco y la sorpresa**. De la combinación de estas emociones, como de la combinación del amarillo, el azul y el magenta, salen todas las demás. Por eso, cuando queramos comprender exactamente lo que sentimos, tendremos que ser capaces de desgranar palabras como «culpa», «gratitud» o «envidia», y entender qué emociones primarias se esconden detrás de ellas.

¿Vamos a mancharnos las manos de colores?

3

Las emociones secundarias

Si las emociones primarias existen por sí mismas, **las secundarias son emociones compuestas que surgen de la combinación de las primarias**. Como en los colores, aquí la lista se alarga, porque hay mil matices y posibilidades diferentes: vergüenza, culpa, orgullo, compasión, agradecimiento, envidia...

Las emociones secundarias tienen mayor complejidad porque, dependiendo de la cultura que nos rodea y de nuestro pensamiento al analizar la experiencia emocional, podremos experimentarlas de formas distintas.

→ ¿Te imaginas cómo de complejas pueden ser las emociones secundarias? Te reto a repetir el juego de dibujar del capítulo anterior, pero ahora con estas emociones:

CULPA

COMPASIÓN

ORGULLO

AGRADECIMIENTO

Me sorprendería mucho que te resultase tan sencillo como la primera vez. No es tan fácil dibujar una emoción que está formada, a su vez, por varias emociones, sobre todo si nunca nos hemos parado a pensar cuáles pueden ser.

¿Somos responsables de nuestras emociones?

Las emociones secundarias dependen tanto de **nuestra responsabilidad personal** como de los **valores y normas del lugar en el que vivimos**. Nosotros hablaremos menos de la responsabilidad personal, porque la activación de las emociones no obedece a una determinación individual, sino, como hemos visto, a una reacción involuntaria. No podemos decir «Ahora voy a dejar de sentirme culpable», aunque sí podemos tomar decisiones que nos lleven a ese estado.

Las emociones no nos obligan a actuar, aunque sí favorecen una forma de hacerlo. Podemos dejarnos guiar por ellas o, al contrario, nuestra determinación puede ir precisamente en contra de lo que nos piden que hagamos. Si te quedas a estudiar para el examen de mañana en lugar de salir con tus amigos, que es «lo que te pide el cuerpo», esa es una decisión personal que se pone por encima de una emoción. Puede suceder también al revés: que el miedo a suspender te agobie mucho y te pida quedarte a estudiar, pero decidas ir a la comida familiar en casa de tu abuela, porque sabes que le hace ilusión y quieres sacar tiempo también para ella. Puedes recordarte a ti mismo que nunca has suspendido y que realmente te sabes el temario, por lo que no pasa nada si cierras el libro un rato. **En ambos casos, estarás tomando una decisión consciente que se opone a dos emociones**, la alegría que sentirías viendo a tus amigos o compartiendo tiempo con tu abuela y el miedo que te pide que sigas repasando tu examen.

¿QUÉ DICE LA CIENCIA?

Las decisiones que tomamos ante una emoción influyen en cómo nos sentimos. Si te has quedado a estudiar en lugar de salir con tus amigos, cuando llegue el día del examen y lo apruebes, sentirás orgullo por la renuncia que hiciste. De la misma forma, si has ido a visitar a tu abuela y también has aprobado tu examen, sentirás orgullo por saber que puedes sacar buena nota sin dejar de lado todo lo demás. Ese orgullo depende de nuestra decisión.

¿Cuál es la función de nuestras emociones?

Todas las emociones están ahí para conseguir que nos adaptemos al medio en el que vivimos. Las emociones primarias lo hacen de forma más directa: si tienes miedo en una situación de peligro, huyes; si estás contento en una situación buena, querrás mantenerla. Las emociones secundarias hacen lo mismo, pero se adaptan aún más a los detalles y complejidades del entorno.

En nuestra vida, los peligros ya no son los ataques de los animales salvajes, sino que pueden ser la exclusión, la pobreza o la marginación social. **Por eso nuestra respuesta emocional tampoco es tan sencilla y echa mano de emociones secundarias.** Aun así, no olvides que estas están formadas por pequeñas porciones de emociones primarias, que siguen siendo la base de nuestra adaptación a distintos entornos.

¿Cómo funcionan las emociones secundarias?

Las emociones secundarias son las responsables de que muchas situaciones se vivan con mayor malestar. Como hemos visto, son emociones compuestas de primarias, así que todas las secundarias suman color, es decir, intensifican la sensación de las primarias. Lo pueden hacer de tres formas:

- Sumando el mismo color (la misma emoción).
- Sumando otro color (otra emoción).
- Sumando más de dos colores (muchas emociones juntas).

Veamos unos cuantos ejemplos para entenderlo mejor:

Una emoción + La misma emoción

- **Tristeza + Tristeza.** A veces, además de sentirnos tristes, nos entristece sentirnos tristes, porque pensamos que todo el mundo debería estar contento, y eso intensifica la profundidad de la tristeza. En estas situaciones, pensamos: «Pobre de mí, todos están tan contentos y yo, triste...». También pueden contribuir comentarios de otras personas

que piensan que hay que estar contento todo el rato. Alguien bien intencionado nos podría decir: «¿Por qué estas triste? No deberías estarlo, ¡anímate! Además, ¿de qué te quejas?, lo tienes todo y estás en el mejor momento de tu vida». Este tipo de comentarios pueden provocar el efecto contrario del que pretenden.

- **Rabia + Rabia.** En ocasiones nos enfadamos por habernos enfadado. Así, cuando alguien nos provoca o nos hace una broma pesada, sumamos el enfado hacia «el graciosillo» al enfado con nosotros mismos: «No debería haberme enfadado, tendría que pasar de él». Nuevamente, no son pocas las personas que dicen «No te enfades, no tienes que caer en provocaciones, es justo lo que quiere…», lo que intensifica esa emoción secundaria.

Una emoción + Otra emoción

- **Rabia + Miedo.** Hay veces en las que nos enfadamos por habernos asustado o por tener miedo de alguna situación. Hay que ser muy cuidadoso con la rabia, porque, aunque es una emoción muy útil, a

veces nos juega malas pasadas, especialmente cuando se gira contra uno mismo. Es más fácil dejarse llevar por el enfado y empezar a reprocharse cosas a uno mismo: «Eres un miedica».

Una emoción + Otras emociones

- **Tristeza + Rabia + Vergüenza + Culpa + Miedo.**

A veces, nos enfadamos por estar tristes. Es igual que en el primer ejemplo, pero, en lugar de sentir pena por nosotros mismos, sentimos rabia, porque creemos que no merecemos estar así. A través de la rabia podemos llegar a llamarnos a nosotros mismos «débiles», y provocar así las emociones secundarias de vergüenza y culpa. Además, a todo esto se le puede sumar el miedo por no saber cómo salir de ahí de forma inmediata, más aún cuando ya no solo nos sentimos tristes, sino culpables y avergonzados de nosotros mismos. Con el miedo también puede venir la desesperación. En este punto, son demasiadas emociones primarias que provocan muchas secundarias para las que ya no tenemos ni nombre, porque somos incapaces de identificar los colores. Entonces nos acercamos mucho a ese estado que conocemos como **«ansiedad»**, una intensificación de la sensación provocada por la activación de tantas emociones.

Estas situaciones son evitables, y, **si comprendes bien las emociones primarias, te será mucho más fácil surfear las secundarias** y aplicar la mejor estrategia para evitar una intensificación que no ayuda a vivir mejor.

Juzgar las emociones

Hemos visto en los ejemplos que el primer error que comete mucha gente es juzgar las emociones y también a la persona que las siente. Recordemos que **no hay que juzgar la reacción emocional porque es involuntaria e inevitable**.

→ Lo que vale para otros también vale para nosotros, así que no debemos juzgar nuestras propias emociones. Hay que aceptar todo lo que sentimos, tanto cuando se activa como cuando se desactiva la emoción.

Intenta detectar cuándo tienes pensamientos de este tipo:

- «Debería estar contento como todos los demás».
- «No debería estar enfadado».
- «Soy tonto por haberme asustado».

En ese momento, prueba de cambiar estos pensamientos por una simple descripción de lo que estás sintiendo:

«Vaya, creo que estoy triste, de momento no sé identificar por qué, pero espero averiguarlo más tarde o que simplemente se me pase en un rato... Porque todos podemos tener un momento triste, es lo más normal del mundo».

¿Cuándo y cómo sueles juzgar tus propias emociones?

UN LÍO DE EMOCIONES

Un niño se siente culpable porque ha cometido un error y ha provocado que su amigo se enfade. Dice que se siente culpable y avergonzado, y eso es porque experimenta miedo de perder la amistad, porque la valora mucho. Además, como quiere mucho a su amigo, se siente triste cuando el otro también lo está. También siente una intensa rabia contra él mismo, se culpa por haberse equivocado e incluso duda de si es un buen amigo o no. ¿Qué puede ayudar a este niño a solucionar la situación?

Lo primero es reconocer y aceptar que todos nos sentiríamos igual ante una circunstancia así, que es normal sentirse culpable y avergonzado. Lo segundo es recordar cómo puede actuar cada sentimiento:

✓ El miedo de perder a su amigo le puede aconsejar que se aleje de él para así evitar lo peor: que le diga «No quiero seguir siendo tu amigo». Pero en estos momentos el miedo no le está dando el mejor consejo de cómo actuar, y debería afrontar la situación y hablar con su amigo.

- ✔ La tristeza le va a ayudar a transmitir sus verdaderos sentimientos a su amigo, que podrá ver y sentir que para él también es una situación indeseable y que lo siente de verdad.

- ✔ La rabia le dará ese impulso para superar el miedo y poder hablar con él. Eso sí: es muy importante que no se deje llevar por ella con comportamientos inadecuados. Una persona puede enfadarse con otra, pero no la puede tratar mal. A veces, lo mejor que podemos hacer cuando estamos muy enfadados con alguien es distanciarnos un poco hasta que se calmen las emociones para no caer en la tentación de hacer daño con nuestros impulsos.

4

¿Hay emociones positivas y negativas?

La respuesta aquí es muy sencilla: NO. No existen las emociones negativas y positivas. **Las emociones son una fuente de información que nos ayuda a reaccionar, a entender el mundo que nos rodea y a comunicarnos con él.** Gracias a ellas, tenemos la oportunidad de aprender a integrarnos y a interactuar con los demás. Son los recursos más útiles que poseemos para afrontar la vida y adaptarnos al medio.

Quizás esto te esté sorprendiendo un poco, porque muchos adultos sí hablan de las emociones y diferencian entre positivas y negativas. Te lo voy a decir muy claro: quienes aseguran eso se confunden. Fíjate qué curioso: muchos adultos sostienen que el miedo es una emoción negativa, pero les encanta ir al cine a ver películas de terror, o entran en pasajes del terror en parques de atracciones. Algo no encaja.

FALSA CREENCIA	LA REALIDAD
Hay emociones que no nos aportan nada positivo, y que sería mejor si no las tuviéramos en la vida. Por ejemplo: El miedo La vergüenza La rabia	Todas las emociones nos pueden aportar cosas buenas. ¡No las desestimes! El miedo a hacernos daño nos hará ponernos un casco al ir en bici. La vergüenza antes de salir a presentar un trabajo en clase nos hará practicar hasta que lo dominemos. La rabia nos hará enfadarnos ante una injusticia.

¿Qué es lo primero que habíamos aprendido? Que las emociones son reacciones involuntarias, por lo que no podemos decidir si se activan o no. A lo sumo, podemos aspirar a disimular su expresión: aguantar las ganas de llorar, forzar una sonrisa en mitad del enfado o la tristeza, aparentar que tenemos ganas de algo cuando en

realidad estamos desanimados... Pero nada de esto impedirá que aparezcan. ¿Verdad que, aunque intentes parar de llorar, no se te pasan las ganas? Eso es porque a tu tristeza le da igual que alguien diga que no puedes llorar; ella va por libre.

Las diferencias entre emociones, pensamientos y comportamientos

Las emociones no actúan de la misma forma que los pensamientos y los comportamientos. **Pensar tiene aspectos voluntarios e involuntarios:** hay pensamientos que nos pueden asaltar, pero también tenemos cierto poder sobre lo que nos da vueltas por la cabeza. Seguro que alguna vez has hecho esfuerzos para dejar de pensar en algo, ¿a que sí?

Los comportamientos, por otra parte, son totalmente voluntarios. Por más que a veces busquemos excusas o digamos que no sabemos por qué hemos hecho algo, somos los únicos responsables de nuestra forma de comportarnos. De las tres cosas (emociones, pensamientos y comportamientos), **la única que es totalmente involuntaria son las emociones, y ninguna es negativa o positiva**.

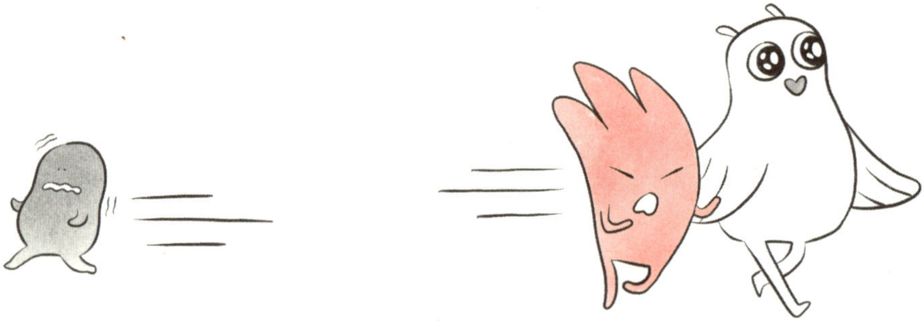

Entonces, ¿por qué es tan habitual que las juzguemos de esa forma? **Ocurre así porque solemos valorar las emociones por los actos que realizamos al sentirlas**, como si no las pudiéramos separar de estos.

Por ejemplo, imagina que acabas de discutir con tu amigo y estás muy enfadado. La emoción primaria que se activa es la ira, que marca cómo te sientes. Nadie debería juzgarte por enfadarte, porque es una reacción que no has elegido. Así de sencillo. Sin embargo, si, además de sentir enfado, respondes a ese enfado golpeando a tu amigo, eso sí podemos juzgarlo. De nada sirve que digas «Es que me sentía así» o «Le pegué porque me cabreó». **No podemos decidir cómo sentirnos, pero sí cómo comportarnos, y por eso esto último sí que podemos juzgarlo.**

Fíjate en que, en un momento de enfado, tener ganas de agredir a alguien no te hace una persona agresiva. Lo que te hace una persona agresiva es poner en práctica cualquier tipo de comportamiento agresivo, ya sea intimidar o agredir, verbal o físicamente. **Un enfado nunca puede justificar una agresión.**

¿QUÉ DICE LA CIENCIA?

Cuando te enfadas, tu organismo y tu cerebro lo notan. El corazón te va más rápido y tu cuerpo produce una hormona llamada «noradrenalina», que hace que estés más alerta y competitivo. ¿Conoces esa sensación de querer tener la razón pase lo que pase? Ahora ya sabes de dónde sale. En esos momentos, tu cuerpo está preparado para reaccionar, pero no te obliga a hacerlo. La decisión de responder de forma física es solo tuya, y puede evitarse entendiendo qué le está ocurriendo a tu organismo que hace que te sientas así.

Ya sabemos muchas cosas de las emociones. Son involuntarias, así que no se puede juzgar a la persona por experimentarlas, y son todas necesarias, por lo que no las podemos clasificar como positivas o negativas. Entonces, **¿hay alguna forma de ordenar las emociones primarias? ¿Todas son iguales?** Vamos a investigar un poco más al respecto.

5

¿Cómo se pueden clasificar las emociones primarias?

Aunque todas las emociones son necesarias, no todas cumplen el mismo papel. Cada una tiene una función determinada, y podemos aprovechar esa función para clasificarlas por grupos. Así nos será más fácil estudiarlas y comprenderlas.

Empecemos por lo más sencillo. ¿Te acuerdas de nuestras seis emociones primarias? Pues cinco de ellas se reparten en dos grupos:

LAS EMOCIONES Y LA ACCIÓN

emociones inhibidoras: no incitan a actuar

emociones activadoras: impulsan a actuar

→ Antes de seguir leyendo, ¿crees que sabrías distribuirlas según el grupo?

EMOCIONES INHIBIDORAS	EMOCIONES ACTIVADORAS

Emociones inhibidoras

La **tristeza** y el **asco** pertenecen al primer grupo, porque aparecen unidas a conductas de inhibición, lo que quiere decir que **provocan que estés más contenido, menos activo**. En general, son emociones que te llevan a no querer hacer cosas: ni comer, ni quedar con tus amigos, ni hablar...

Emociones activadoras

En el otro extremo tenemos el **miedo**, la **alegría** y la **ira**, que son emociones que incitan a la acción. ¿Te extraña que tres emociones tan distintas estén en el mismo grupo? Las consideramos «emociones activadoras» a las tres, pero es verdad que actúan en direcciones opuestas.

La **ira** y la **alegría** hacen que te acerques a aquello que las ha provocado. Da igual que algo te alegre o te enfade, **lo normal es que quieras reaccionar en su dirección**. Si te enfadas con un amigo, lo más probable es que quieras discutir con él, igual que, cuando te reconcilies, seguramente te apetezca darle un abrazo. Así es como la ira y la alegría te llevan a hacer cosas.

El **miedo** también te hace reaccionar, pero **en su caso es para alejarte del estímulo**. Imagina que has hecho algo mal que sabes que va a molestar a tu amigo y tienes miedo de que se pueda enfadar. No sería extraño que tuvieras menos ganas de quedar con él, o que evitaras cruzártelo en el recreo. Eso es porque el miedo activa en ti la idea de huir del peligro, que en este caso sería el enfado de tu amigo.

Seguro que estás pensando que nos hemos dejado una emoción por explicar, y tienes toda la razón. La **sorpresa** no encaja en ninguno de estos dos grupos, así que vamos a crear una tercera categoría solo para ella.

Emociones intensificadoras

¿Qué supone una emoción intensificadora? Que, sientas lo que sientas, **esta emoción va a hacer que lo hagas con más fuerza**. La sorpresa siempre va acompañada de otra emoción, y lo que hace es sumar intensidad a esa segunda emoción y a sus conductas asociadas. Si algo te sorprende y te da miedo, ese miedo será más fuerte, igual que las ganas de salir corriendo.

Con estas tres categorías, es fácil ordenar las seis emociones primarias. ¡Ya las tenemos todas!

EMOCIONES INHIBIDORAS	EMOCIONES ACTIVADORAS	EMOCIONES INTENSIFICADORAS
Tristeza	Alegría	Sorpresa
Asco	Ira	
	Miedo	

A pesar de que cada una tiene sus características, gracias a esta tabla podemos saber de un vistazo qué impulso provoca cada una.

→ Y a ti, ¿te resulta sencillo adivinar ahora cómo reaccionarías según cada emoción? Imagina que tus padres organizan una fiesta sorpresa por tu cumpleaños.

¿Cómo reaccionarías si estuvieras triste? ¿Cómo lo harías si estuvieras muy feliz? ¿Qué crees que te pediría hacer el cuerpo si la tarta te diera asco? ¿Y si sospechases que te iban a hacer esa fiesta y te diese mucho miedo ser el centro de atención? Piénsalo y comprueba si tus respuestas están alineadas con lo que hemos aprendido en este capítulo.

6

¿Cuál es la función de cada emoción primaria?

Ahora que ya tenemos clara una forma de ordenar las emociones en tres grupos, vamos a aprender un poco más sobre las funciones de cada una. Aunque cada emoción tenga sus características propias, recuerda que todas pretenden ayudarnos a saber cómo actuar en el mundo. En otras palabras, **las emociones existen para proteger y cuidar la vida**.

Gracias a ellas, aprendemos a adaptarnos al entorno, ya sea a la vida en familia, en la escuela, en el trabajo, en el campo de fútbol o en clase de pintura. Al sentir miedo, alegría, ira o tristeza, te das cuenta de qué acciones te ponen en peligro y cuáles te aportan algo bueno, y así, poco a poco, vas ajustando tu comportamiento. Por eso es importante saber que todas y cada una de las emociones que sientes son útiles y necesarias para ti.

Todas han cumplido, cumplen y cumplirán una función esencial en la protección de tu vida. Si pensamos en que esto ocurre con cada ser humano que vive en el mundo, podemos decir que **las emociones ayudan a la preservación de la especie**. Las más relevantes para el organismo son el miedo, el asco, la tristeza y la ira. La alegría, que tanto nos gusta, sigue siendo fundamental para vivir bien, pero no está tan enfocada a la idea de mantenernos con vida.

¿Quieres conocer las seis emociones principales con más detalle? ¡Vamos a ello!

La tristeza

¿Dónde estaba la tristeza en la tabla del capítulo anterior? Exacto, dentro de las emociones inhibidoras, por lo que sabemos que se encarga de reducir la actividad y convencernos para no seguir comportamientos expansivos. Es posible que estés pensando que esto no parece un mecanismo de protección demasiado útil, ¿verdad? Te vas a sorprender, porque **la tristeza es la gran aliada de los procesos**

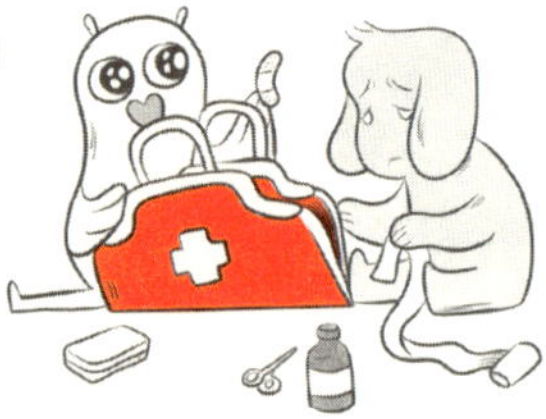

de recuperación del cuerpo. Aparece cuando estamos demasiado agotados, exhaustos o desnutridos; cuando el organismo está luchando contra una infección en un proceso viral, o cuando nos recuperamos de una lesión grave.

En todos estos casos, al cuerpo le hace falta estar quieto y guardar la energía para recuperarse. ¿Cuántas veces, al enfermar, te han dicho que tenías que descansar y quedarte en casa? Al guardar reposo, estás permitiendo que tu cuerpo se recupere. ¡Lo último que necesita es que sigas cansándolo! **La tristeza vendría a ser algo similar a la fiebre: un proceso generado por el propio organismo orientado a su recuperación.**

FALSA CREENCIA

La tristeza es una emoción inútil que hay que abandonar cuanto antes, y no sirve de nada estar triste, ni siquiera cuando tenemos motivos de peso para ello.

LA REALIDAD

La tristeza puede ofrecernos ese espacio tranquilo que necesitamos para sentirnos mejor. Por ejemplo, cuando perdemos a alguien muy querido, un periodo de tristeza nos permite pensar en esa persona, comprender lo que ha ocurrido y encontrar una manera sana para decirle adiós.

La alegría

La segunda de las emociones primarias es un poco diferente. La alegría resulta muy útil para la evolución, pero no tanto para la preservación de la vida. ¿Qué significa eso? Que no es una emoción que aporte sus beneficios ante situaciones de urgencia o amenazadoras, como pueden hacer las demás. Esta, a diferencia de las otras, despierta la curiosidad y la búsqueda, casi como un juego.

Por ello, **la alegría es la emoción con la que más vas a aprender**. Impulsa comportamientos orientados a adquirir habilidades nuevas, que quizá no te sirvan en ese momento, pero seguro que lo harán en el futuro. Cuando estás alegre, es más probable que investigues tu entorno, y así tendrás más pistas sobre cómo actuar cuando llegue una situación de urgencia. Por ese motivo, es la que mayor impacto tiene durante la infancia.

Mientras somos pequeños, la alegría nos conecta con el estímulo y nos permite aprender cosas. En muchos casos, con la llegada de la edad adulta, es sustituida por la rabia, que nos incita a actuar. Piensa, por ejemplo, en las crías de león. Seguro que las has visto jugar en algún do-

cumental: se lanzan unas sobre otras, rugen y fingen pelearse. Están jugando y, a la vez, están aprendiendo a luchar y a cazar, mejorando sus habilidades de coordinación y entrenando sus músculos. En la vida adulta, usarán lo aprendido para la caza, pero también para defenderse contra las amenazas, otros depredadores como las hienas u otros leones.

Sin duda, la alegría está también relacionada con la idea de comunidad. Si algo o alguien nos aporta alegría, es más probable que nos acerquemos a él. Relacionarse con los demás, hablar con la gente o hacer amigos son actividades importantes en el día a día, que te saldrán de forma más natural y con menos esfuerzo si esta emoción está presente.

Es verdad que esta última característica no es exclusiva de la alegría. Las otras emociones también pueden reforzar la comunidad, como cuando la tristeza genera empatía y provoca que queramos cuidar del otro, o como cuando el miedo a algo externo hace que nos ocultemos en el grupo, que nos ofrece seguridad. ¿Has entrado alguna vez en una casa del terror con tus amigos y has querido estar exactamente en el centro del grupo, sin separarte ni un milímetro de ellos? Pues ya entiendes a qué me refiero.

El miedo

Podríamos decir que esta emoción, junto con el asco, ha sido una de las más importantes para garantizar la evolución del ser humano y la preservación de la especie. ¡Quién sabe si el ser humano habría llegado donde está si no fuera por el miedo!

→ ¿Se te ocurre cómo? Piensa en alguna situación en la que hayas sentido miedo: ¿qué elemento peligroso se escondía detrás de cada caso? ¿Te vienen a la cabeza otros ejemplos de otras épocas de la historia?

Por ejemplo, a mí, hoy, me da miedo cruzar la calle con el semáforo en rojo porque los coches no paran y alguno podría atropellarme. Hace siglos, podía haber personas que tuvieran miedo a cruzar los ríos porque los puentes no eran seguros y podían caer al agua.

Por lo tanto, el miedo es una emoción orientada al distanciamiento: **trata de alejarnos de lo que nos podría hacer daño**. Para conseguirlo, puede impulsarnos a escapar, pero también a ocultarnos del peligro. En la naturaleza, hay muchos animales que usan el camuflaje o la inmovilidad para esconderse de sus depredadores. A veces, quedarse quieto y no llamar la atención es mejor opción que salir corriendo.

¿QUÉ DICE LA CIENCIA?

Hay algunos animales que, como respuesta al peligro, son capaces de hacerse los muertos. Varias especies de patos se quedan quietas si un zorro las atrapa y las lleva hasta la madriguera. Cuando este se despista, los patos recuperan la movilidad y salen volando todo lo rápido que pueden. También hay conejos, cobayas y serpientes que usan esta técnica y se tumban como si hubieran fallecido. La zarigüeya norteamericana incluso segrega unos fluidos apestosos para fingir que lleva muerta varios días y provocar el asco en el animal que estuviera pensando en comérsela.

La ira o rabia

Al contrario que el miedo, la rabia nunca provoca querer huir o esconderse. Como emoción activadora, nos impulsa a acercarnos al estímulo y, para ello, nos aporta una dosis de energía extra. **Es la emoción de la acción por excelencia**; tanto, que puede llegar a reducir tu sensación de dolor para que te centres exclusivamente en responder a lo que la ha provocado.

Es una emoción orientada a satisfacer todas las necesidades básicas del organismo, como el hambre, la sed o el sueño. Su función es encontrar los medios para arreglar la situación, sea la que sea. Esto la convierte en una emoción muy interesante y algo compleja de entender. Se la suele considerar negativa, pero en realidad es la que está más relacionada con alcanzar el bienestar. Es la que más nos impulsa cuando necesitamos un esfuerzo extra para llegar al objetivo, y está detrás de las revoluciones más fundamentales en la historia de la humanidad.

FALSA CREENCIA

La rabia es una emoción negativa que deberíamos mantener controlada e incluso eliminarla de nuestra vida. La rabia significa solo violencia.

LA REALIDAD

La rabia es la emoción predominante en la lucha contra las desigualdades. El mundo no lo cambia la gente feliz; el mundo lo cambian los enfadados que quieren hacerlo avanzar.

La idea de que la rabia es una emoción negativa viene precisamente de su potencia. Mientras esté controlada puede ser tu mejor aliada, pero si explota es capaz de desembocar en comportamientos que sí que son malos para ti y para las personas que te rodean. No obstante, en su esencia es igual que todas las demás, una emoción que no tiene nada de negativo por sí misma.

El asco

Esta emoción tiene muchísimo poder. A primera vista, puede parecer que no es importante para la vida, pero es una de las más valiosas, ya que **impide comportamientos que pueden dañar nuestro cuerpo y poner en riesgo nuestra vida**. ¿Verdad que no te comerías algo que parece que no está en muy buen estado? No lo harías porque te daría asco, y ese asco es la forma que tiene el cuerpo de decir: «¡Cuidado! Esto no te va a sentar bien».

En este rechazo pueden intervenir el gusto, el olfato, la vista, el tacto... Conseguir que un ser vivo hambriento no coma carne podrida es todo un logro del asco, y gracias a él nos evitamos la posibilidad de ponernos muy enfermos.

La sorpresa

La sorpresa activa al organismo de forma brusca y va asociada a otra emoción. Por sí misma, no puede definir qué vas a sentir, pero hará que esta segunda emoción —ira, miedo, alegría, tristeza o asco— llegue a ti de forma más rápida e intensa.

Una fiesta de cumpleaños, por ejemplo, es un estímulo que normalmente genera alegría. Si le añades el componente sorpresa, es muy probable que la alegría que sientas cuando te encuentres con la celebración sea mayor. Ocurre lo mismo con las desgracias inesperadas, como la pérdida repentina de un familiar, o con los sustos, que nos provocan un miedo súbito en un momento concreto. En todos los casos, **la emoción que sentimos llega con más fuerza porque viene de la mano de la sorpresa**.

7

¿Existen las emociones instrumentales?

Imagina que, al recibir la nota del último examen, descubres que te falta solo una décima para aprobar: 4,9. Tu profesora te recibe para hacer una revisión del examen, pero no hay nada que cambiar, la nota es la que es. Al ver que no hay forma de aprobar, comienzas a llorar. Para algunos psicólogos, esa tristeza podría interpretarse como una **emoción instrumental**, porque **la estarías utilizando voluntariamente para conseguir un objetivo**: conmover a tu profesora para que te apruebe.

No obstante, yo sé, y seguro que tú también, que después de dedicar muchas horas a una asignatura, nos puede dar tanta pena y rabia suspender que es normal echarse a llorar. Ante esta realidad, es posible que creas que lo que está pasando es muy injusto y no puedas contener las lágrimas. Y ya sabemos que sí es involuntario, es una emoción normal, ¡nada de instrumental!

→ Estamos de acuerdo en que lo más probable es que el alumno llore de rabia o tristeza, pero ¿y si es verdad que está exagerando esas lágrimas para conmover a la profesora? En ese caso:

¿Crees tú que entonces tendríamos que hablar de «emoción instrumental»? ¿Por qué? Intenta responder a esta pregunta antes de seguir leyendo. Una pista: piensa en lo que acabas de leer en los capítulos anteriores.

¿Lo tienes? Vamos a responder. La clave para contestar es recordar que hemos definido las emociones como **reacciones involuntarias** que responden a un estímulo. Si lloras para conseguir algo, no podemos decir que llores de rabia, ¿verdad? Por lo tanto, no hablaremos de emociones, sino de **comportamientos o conductas en los que replicamos una emoción**.

¿Fingir una emoción siempre es algo malo?

Ahora que sabes que podemos replicar una emoción para conseguir algo, es posible que te haya surgido la pregunta de si hacerlo es bueno o malo.

→ Si piensas en el ejemplo anterior, ¿tú qué opinas? La idea de fingir una emoción para engañar a alguien no suena muy bien, pero ¿es posible que en algún caso sea una buena idea?

Te va a sorprender, pero **a veces replicar una emoción nos da cosas muy buenas**. ¿O es que no te gusta ver películas y series? En el cine y el teatro, los actores utilizan las emociones para representar historias y conseguir transmitirnos el miedo, el amor o la tristeza que los protagonistas están sintiendo.

Seguro que te viene a la cabeza alguna escena que te ha hecho llorar, te ha pegado un buen susto o no te ha dejado apartar la vista de la pantalla hasta que la tensión se ha disipado. Aunque en ese momento no lo supieras, los actores estaban sirviéndose de las emociones para lograr que no te movieras del asiento. Y seguro que en más de una ocasión lo consiguieron.

¿QUÉ DICE LA CIENCIA?

Igual que las películas, la música también es capaz de influir en nuestras emociones. Algunos estudios neurocientíficos han descubierto que escuchar música puede cambiar nuestro estado de ánimo y llevarnos de la tristeza a la felicidad, o al revés. Como los actores, los músicos eligen qué emociones quieren transmitir y las plasman en sus composiciones. Seguro que hay canciones que siempre te levantan el ánimo y otras que solo quieres oír cuando estás triste. Si tienes curiosidad, puedes escuchar la lista del neurocientífico Jacob Jolij, que estudió el efecto de la música en el ánimo y reunió diez canciones que seguro que te alegran.

Manipular a través de las emociones

Ya hemos visto que las emociones instrumentales no existen; lo que sí existe es la posibilidad de fingir o replicar una emoción para conseguir algo. Y, excepto en casos muy concretos, esto no es nada recomendable, porque implica manipular a alguien. Fingir estar triste, o feliz o enfadado, para que otra persona haga lo que queremos es una estrategia muy egoísta, y a la larga tampoco nosotros saldremos ganando con ello.

PEDRO, EL LOBO Y LA MANIPULACIÓN EMOCIONAL

¿Te suena el cuento de Pedro y el lobo? Pedro era un pastor que vivía en el campo, junto con otros pastores. Cada mañana salía a cuidar de sus ovejas, pero, como se aburría y era muy travieso, un día decidió dar un susto a sus compañeros. De repente, pegó un brinco y salió corriendo y gritando: «¡Que viene el lobo!», y asustó al resto de los pastores. A Pedro le parecieron graciosísimas las caras de miedo de sus compañeros, y se rio durante un buen rato antes de decirles que era una broma. Aquello le resultó tan divertido que empezó a hacerlo cada mes, y cada vez los demás pastores se

asustaban un poco menos. Una noche, sin embargo, estaba descansando, mirando las estrellas, cuando notó movimientos junto al rebaño. Entre las ovejas pudo ver el pelaje gris de un enorme lobo, y el corazón le dio un vuelco. Temblando, gritó todo lo que pudo, pidiendo ayuda a los otros. Esta vez, sin embargo, nadie le creyó, y ningún pastor acudió en su ayuda mientras el lobo atacaba a sus ovejas.

Cuentos como este enseñan a no usar la expresión emocional para engañar, para conseguir algo que no puedes lograr de otra manera. Con cada manipulación, pierdes credibilidad y, como Pedro, cuando necesitas ayuda de verdad, nadie te toma en serio.

Recuerda, ¡las emociones de verdad son siempre involuntarias! Así que tampoco sirve de nada intentar que alguien controle o anule una emoción solo porque se lo digamos. «No estés triste», «No deberías estar enfadado» o «Ya eres mayor para tener miedo» son frases que no han ayudado nunca a nadie. Ah, e igual que es mejor no decírselas a los demás, también es importantísimo no repetírnoslas a nosotros. ¡Nada de reprocharnos nuestras propias reacciones emocionales!

Cuando los psicólogos se pusieron a estudiar las emociones en profundidad, comprendieron que podían ayudar a que muchas personas se sintieran mejor incitándolas a aceptar aquello que sentían. Pasaron de ignorarlas a entender su importancia y recomendar a sus pacientes que no se sintieran culpables por tenerlas, ni se frustrasen a su costa.

Si todos aceptamos que las emociones son involuntarias y normales, es mucho más fácil aprender a convivir con ellas. Cada emoción es una ola, ¿recuerdas? No hay que apostarlo todo a que venga la ola que tú quieres, porque en el mar las olas aparecen sin importar lo que desees. Lo que está en nuestra mano es ver qué tipo de ola viene y decidir qué vamos a hacer con ella, si la vamos a surfear o nos vamos a zambullir.

8

¿Cómo funcionan las emociones?

Ya sabes qué son y para qué sirven las emociones, y también has aprendido una forma de clasificarlas. Espero que te esté gustando, porque esto se va a poner todavía más interesante. Estoy convencido de que ahora quieres saber exactamente cómo funcionan, ¿verdad? Pues vamos a ello.

La reacción emocional

Para que podamos entendernos bien, hablemos primero de una cosa que llamamos «reacción emocional», que es el momento en que cualquier emoción se despierta dentro de ti. Se trata de una reacción involuntaria, mucho más rápida que cualquier proceso que sí hagas de forma consciente. De un momento a otro, se activa la emoción y sube tu nivel de alerta, gracias a un incremento brusco de la actividad en tu cerebro. A este nivel de activación se le conoce con la expresión «estado de alerta» y tiene diferentes grados.

Los tres estados

La activación de tu cerebro puede variar muchísimo, de la mínima a la máxima. Un **estado de sueño profundo conlleva los niveles de alerta más bajos del organismo**, porque son estados en los que este es incapaz de reaccionar con normalidad. ¿Te acuerdas de cuando comparamos las emociones con los colores? Pues este estado tan bajo podría equipararse al color negro, que no es un color, sino la ausencia de ellos.

En el otro extremo estaría un **estado de agitación, en el que hay un exceso de respuesta a estímulos menores**. Aquí tus niveles de alerta estarían desatados, siempre al límite. Alguien en este estado responde con demasiada intensidad hasta a los estímulos más pequeños. En nuestra metáfora de los colores, puedes imaginarte esta agitación con una combinación estridente de todos los tonos de la paleta. ¿Conoces la fiesta Holi de la India y Nepal, que se celebra lanzando polvos de colores al aire durante todo el día? Es una buena forma de explicar cómo se vería el estado de agitación.

Todavía hay un tercer estado: **el equilibrio, lo que conoceríamos como estado de calma**. Este sería como el color blanco, es decir, la suma equilibrada de todos los colores básicos, y es lo que veríamos habitualmente en una persona que estuviera calmada. En él, irían apareciendo de forma leve diferentes emociones, sin que ninguna fuera predominante.

¿QUÉ DICE LA CIENCIA?

Las emociones son como pequeñas descargas que nos impulsan a actuar, pero tienen que llegar en su justa medida. Hace muchos años, dos psicólogos estadounidenses hicieron una prueba con dos ratas, a las que daban ligeras descargas para que completasen un laberinto. Sin las descargas, las ratas no tenían motivación para intentarlo, pero, con demasiadas descargas, se estresaban y tampoco lo completaban. El experimento probó la necesidad de evitar los extremos y encontrar un estado intermedio: el equilibrio.

Vale, pero ¿qué pasa cuando sentimos una emoción más que otra? Por ejemplo, cuando estamos tristes, contentos o enfadados; **es entonces cuando hablamos de «estados de ánimo»** y sí, son muy normales. Aquí tu cerebro tendría el color de esa emoción predominante. Puedes tener un estado de ánimo calmado, uno con algo de preocupación, uno de tristeza leve, uno de alegría moderada... Se parece a cuando hay alguna emoción que te acompaña durante el día, pero no impide que hagas lo que tienes que hacer: ir a clase, hablar con tus padres, hacer los deberes...

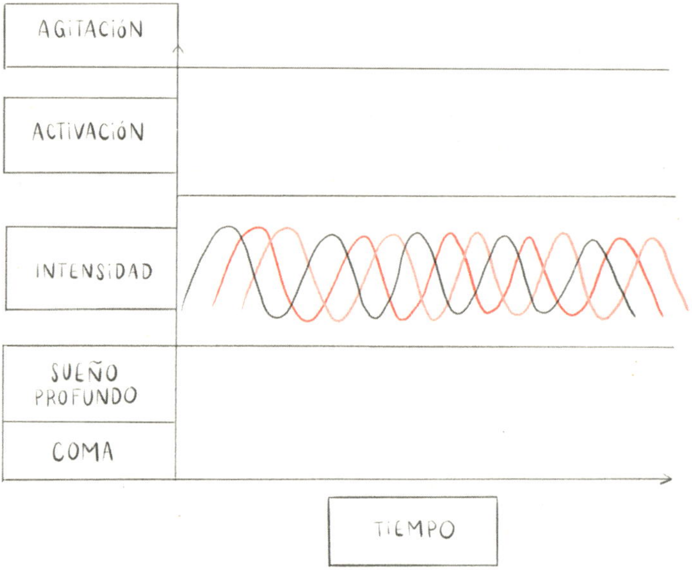

Figura 1. Estado de equilibrio. Cada línea curva es una emoción, y van alternándose sin que ninguna destaque.

¿Cómo se activa una emoción?

Las emociones tienen una forma de actuar muy sencilla. Cuando aparece un estímulo, se activan y se imponen al resto. Por ejemplo, ante un estímulo amenazante, se activa el miedo, y es en ese momento cuando podemos decir que estamos asustados. De la misma forma, si de repente nos visita alguien a quien queremos, se activa la alegría, o si abrimos la nevera y algo huele muy mal, se activa el asco.

Hay personas más sensibles o reactivas que otras, pero también hay un ciclo natural, que dura toda la vida. La infancia y, especialmente, la adolescencia, son las épocas en las que lo sentimos todo con más intensidad. ¿Te suena eso de que «Los adolescentes les dan demasiada importancia a las cosas?». No es un insulto, es una realidad que viene precisamente de aquí. No pasa nada, porque, con el tiempo, irán encontrando su calma.

Ya sabemos cómo se activan las emociones, pero hay otro detalle muy importante que debes saber: **las emociones no tienen herramientas propias para desactivarse**.

Con esto completamos el primer aprendizaje: las emociones son involuntarias cuando se activan y cuando se desactivan. Así que ni puedo decidir enfadarme, ni puedo decidir desenfadarme; no puedo escoger tener miedo y tampoco no tenerlo; no puedo elegir estar triste ni dejar de estarlo.

¿Cuánto dura una emoción?

El proceso de activación de las emociones siempre tiene una duración limitada. Esto significa que, cuando aparecen, no lo hacen para siempre, por más que en ocasiones nos dé la sensación de que nunca vamos a dejar de estar enfadados o que no se nos pasará la tristeza.

→ ¿No me crees? ¿Por qué no intentas recordar algún momento en el que sintieras algo parecido? Seguro que algo te enfadó y pensaste que no podrías perdonar a tu amigo o a tus hermanos, y ahora ya casi ni te acordabas. O quizá no pudiste ir a una fiesta o te perdiste una excursión que te apetecía mucho, y te dio la sensación de que ibas a estar triste toda la vida.

A veces, viene muy bien recordar todos esos momentos para darnos cuenta de que, con el tiempo, todo eso que sentíamos se fue suavizando. Escribe cómo te sentiste y cómo te sientes ahora. Piensa en ti ahora mismo, leyendo este libro tranquilamente; todas las emociones que se activaron en el pasado en este momento están en calma.

Por eso me gusta tanto la imagen de las olas del mar para hablar de este proceso de activación y desactivación de las emociones. La emoción se activa y provoca una ola emocional completa e inevitable, que pasa por nosotros y desaparece. Si los estímulos no se repiten, la emoción puede durar de unos segundos a unos minutos.

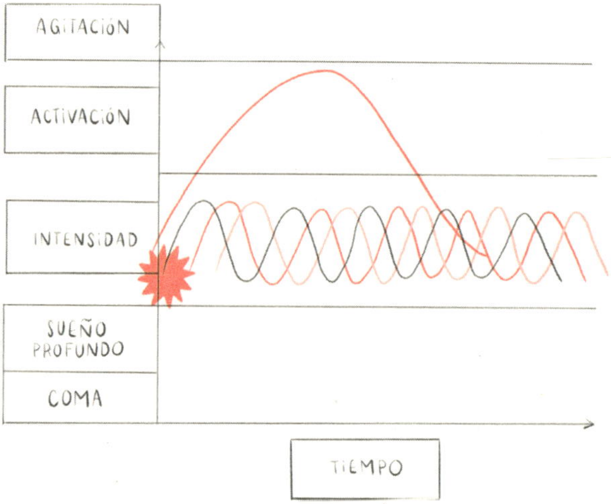

Figura 2. La emoción que se activa por encima del resto tiene forma de ola: crece y luego desaparece.

Emociones que se repiten

Puede que estés pensando que eso de que las emociones solo duren unos segundos o minutos no te cuadra del todo. ¿Cómo explica eso que haya gente que tenga miedo de algo durante toda su vida? Tienes toda la razón.

Antes de nada, recuerda que la función principal de una emoción es mantenerte a salvo. Hay situaciones en las que una reacción emocional breve no es suficiente para ello. Imagina un hombre de las cavernas que ha salido a buscar algo de comer y que, de repente, distingue un enorme tigre en la distancia. El miedo se activa y provoca que quiera huir, lo que lo alejará del peligro. Sin embargo, si en unos pocos segundos se le pasa el miedo, ¿de qué le va a servir? Solo se habrá alejado unos metros y el tigre seguirá allí.

¿Cómo ha resuelto tu organismo este problema? Ha creado un mecanismo de **mantenimiento de la activación emocional**, que es como llamaremos a nuestra capacidad de alargar esa emoción. Quédate con esta idea, porque va a ser muy importante a partir de ahora. En nuestro ejemplo, el mantenimiento de la activación del miedo se produce por tres vías diferentes:

La emoción se reactiva porque se repite el estímulo

La primera vía es la más simple, ya que es el mismo estímulo el que vuelve a despertar el miedo. Si nuestro hombre de las cavernas se gira y ve al tigre de nuevo, reaccionará emocionalmente con la misma intensidad. El tigre sigue dando miedo cada vez que lo mira, por lo que se mantiene esa conducta de huida que le impulsa a salvar su vida.

¿Qué pasa si el hombre no vuelve a mirar al tigre? ¿Se termina el miedo? No parece una idea muy inteligente,

¿verdad? Por eso existen otras dos vías de reactivación, que servirán para que nuestro protagonista siga con vida. Aquí se suman al equipo los pensamientos y la conducta, y forman la tríada emoción-pensamiento-conducta, de la que te explicaré más cosas en el próximo capítulo.

Ahora mismo, lo importante es saber que **las emociones están vinculadas a determinados pensamientos y conductas**, y que cada elemento de este trío influye sobre el resto. Así, las diferentes emociones activan pensamientos y conductas y, a su vez, esos pensamientos y acciones también activan las emociones. Por ejemplo, un niño puede querer ir a jugar porque está contento y, a la vez, seguir estando contento porque juega.

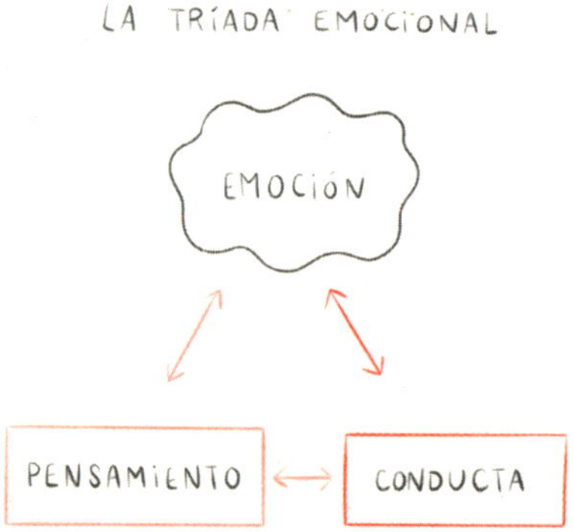

Figura 3. Así es cómo se relacionan entre sí las emociones, el pensamiento y la conducta.

¿QUÉ DICE LA CIENCIA?

¿Por qué nos gustan los libros y las películas de miedo? Los expertos nos cuentan que, cuando disfrutamos de una historia de terror, lo hacemos porque recibimos la emoción del miedo en un entorno controlado. Sabemos que nos van a asustar, pero también que no estamos realmente en peligro. Esos pensamientos afectan a la forma en la que recibimos el miedo, y se crea un equilibrio entre los sustos y lo bien que lo estamos pasando. Los elementos de la tríada se influyen los unos a los otros y hacen que nos encante ver películas de terror.

Teniendo eso claro, vamos a conocer la segunda vía de mantenimiento de la activación emocional. ¿Qué pasa si el hombre no vuelve a ver al tigre?

La emoción se reactiva gracias a los pensamientos

La segunda vía echa mano de los pensamientos asociados a la emoción. Aunque el hombre no vea al tigre, en sus pensamientos sí está la imagen del animal, que el hombre sabe que es fuerte y peligroso. Estas ideas serán las que reactiven el miedo y hagan que siga corriendo hasta estar lejos del peligro. En esta segunda opción, no podemos decir que la emoción responde directamente a un estímulo, pero sí lo hace al pensamiento asociado a él.

Todavía existe una tercera vía, la conducta, que también ayuda a mantener una emoción, aunque lo hace de forma mucho más lenta que las otras.

La emoción se reactiva gracias a la conducta

Algunas conductas arrastran emociones asociadas a ellas, y una conducta de huida es un buen ejemplo. Huir de algo genera en tu cuerpo una reacción de nerviosismo y de miedo, y lo hace con tanta potencia que hasta puede extenderse a tu alrededor. Imagina que el hombre de las cavernas corre tanto que alcanza a otros miembros de su tribu, y pasa a su lado con cara de terror. Por supuesto, eso extiende el miedo a sus compañeros, que también empezarán a correr. Ninguno necesita ver al tigre para salir huyendo. ¿No harías tú lo mismo?

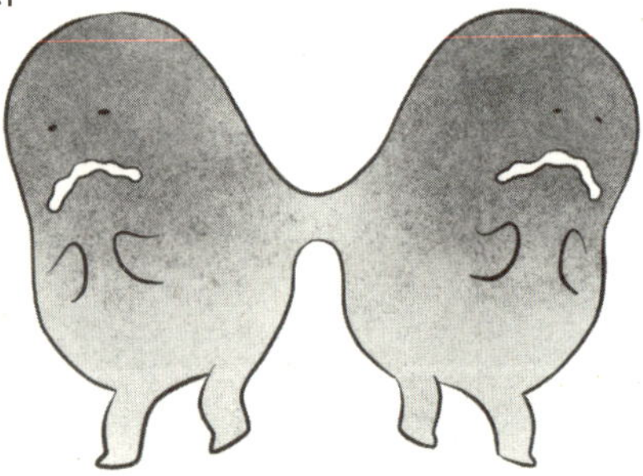

¿CUÁNTO SE PUEDE EXPANDIR EL MIEDO?

El miedo es una de las emociones que más se contagia. Igual que los hombres de la tribu se asustan solo con ver la cara de pánico de sus compañeros, en la vida real también hay situaciones en las que se transmite el miedo sin que se sepa la causa. En sitios donde se junta mucha gente, como estadios o salas de música, los sonidos extraños o las luces confusas, como las de bengalas, pueden hacer pensar que está ocurriendo algo malo. Si las personas se asustan, su conducta activará la emoción de las demás, que pueden echar a correr o agolparse en algún lugar. Esta reacción puede llegar a ser más peligrosa que el estímulo en sí, que, en ocasiones, ni siquiera existe.

Ya conoces las tres vías de mantenimiento de la activación emocional: como respuesta al estímulo, como respuesta al pensamiento y como respuesta a la conducta. Precisamente, **la conducta es la gran aliada de las emociones y su mejor regulador**. En ella reside la capacidad de surfear las olas. Prepárate, porque enseguida te contaré más cosas sobre surfear las olas más exigentes o elegir sumergirse.

9

¿Cómo se relacionan la emoción, el pensamiento y la conducta?

Repasemos lo que sabemos hasta ahora, que no es poco. Las emociones impulsan comportamientos, cuya función, aunque no lo parezca a primera vista, es ayudarnos a estar mejor en el mundo. Así, cada reacción emocional promueve una serie de pensamientos y comportamientos distintos, que están íntimamente ligados a esa emoción.

Uno de estos comportamientos es nuestra expresión facial y postural. En otras palabras: la forma en la que tu cuerpo y tu cara reflejan las emociones que pasan por tu interior. ¿Has escuchado alguna vez la expresión «la cara es el espejo del alma»? Se refiere exactamente a esto que estás leyendo.

→ Te propongo que compruebes la conexión entre los gestos y el estado emocional. La próxima vez que salgas a la calle, vayas a clase o al parque, dedica unos minutos a observar con atención la cara de la gente.

¿Crees que podrías saber si están tristes, enfadados o alegres? ¿Si han tenido un buen día o si están nerviosos? Puedes fijarte también en su manera de andar, si van erguidos o con los hombros caídos, si se mueven con energía o lentamente y si alzan la voz o se expresan con suavidad.

¿Y tú? ¿Crees que tienes algún gesto que exprese cómo te sientes? Estoy seguro de que sí, porque todos los tenemos. Y no te creas que pasa solo entre los seres humanos; en la mayoría de los mamíferos también ocurre.

¿QUÉ DICE LA CIENCIA?

La comunicación es posible porque la expresión de la persona a la que miramos activa nuestras neuronas espejo, que nos hacen capaces de sentir lo que siente el otro. Algunos científicos consideran que el descubrimiento de las neuronas espejo es uno de los éxitos más importantes de la neurociencia, ya que gracias a ellas podemos imitar y sentir empatía. ¡Imagina cómo sería el mundo si no fuéramos capaces de ponernos en el lugar del otro! Si reaccionamos al ver que alguien lo pasa mal, es porque esa empatía nos hace sentir lo mismo que está sintiendo ese otro ser vivo. Puede ocurrirte si llegas a casa y tus padres están tristes, pero también si te cruzas con un perrito que tiene hambre o está asustado.

Ahora vamos a ver cuatro ejemplos de relación entre emoción, pensamiento y conducta. Lo haremos con la tristeza, la rabia, el miedo y la alegría, que son las emociones con las que hay más consenso entre los expertos.

La tristeza

En el otro capítulo aprendimos que se trata de una emoción inhibidora de la acción, por lo que, si se activa, hará que te repliegues. Al ser una emoción que bloquea las acciones, su mejor vía para reactivarse es a través de los pensamientos. Si pensamos que estamos tristes, seguimos estándolo, y nos suele apetecer hacer cosas que no nos saquen de ese estado de ánimo. Piénsalo, ¿cuándo te apetece ver películas dramáticas o escuchar música que te hace llorar? Exacto, cuando estás triste. De esta forma, la emoción afecta a los pensamientos y los pensamientos, a la conducta, que, a su vez, nos mandan de vuelta al centro de nuestra tristeza. ¡Así no hay forma!

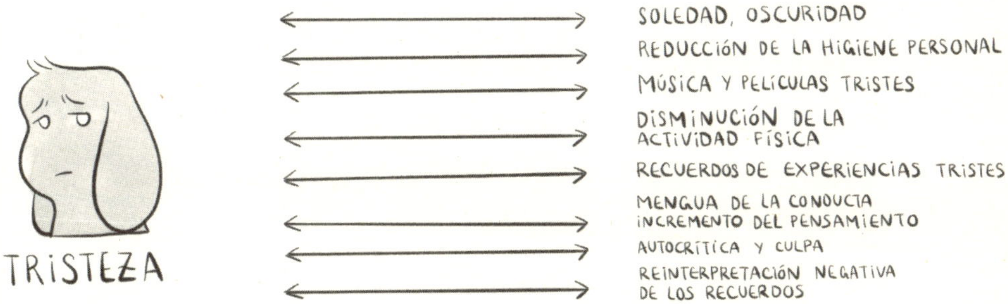

Figura 4. Estos son algunos de los comportamientos a los que nos lleva la tristeza, que, a su vez, nos hacen seguir estando tristes.

Algo muy característico de la tristeza es que construye pensamientos de culpa y victimismo que se reproducen una y otra vez en nuestra cabeza, como una película que se emite en bucle. Estos pensamientos reactivan la emoción y hacen que nos cueste más ver las cosas buenas que pasan a nuestro alrededor.

Por ejemplo, puede que tú te lo pases muy bien dibujando y que tengas costumbre de estar ratos en tu cuarto practicando con los pinceles sin que nadie te moleste. En esos momentos, la soledad es una ventaja, porque puedes concentrarte en lo que dibujas y, además, disfrutas de tener un rato para ti. Pues, cuando estás triste, tu cerebro es capaz de alterar esa idea y de hacerte sentir pena por estar dibujando sin nadie, como si los demás se hubieran olvidado de ti, ¡cuando en realidad a ti te encanta! Esos son los mecanismos que usa esta emoción para conseguir mantenerse activa dentro de ti.

FALSA CREENCIA

La relación entre pensamiento y conducta siempre funciona igual: el papel de uno siempre es el de ayudar a la otra.

LA REALIDAD

Pensamiento y conducta son tan colaboradores como competidores. Están unidos, pero se pisan entre ellos. Por ejemplo, cuando haces deporte, el ejercicio no sale tan fluido si estás pensando todo el rato en cómo lo estás haciendo. O te centras en pensar o te centras en actuar, ¡pero no las dos cosas a la vez!

La alegría

Seguimos con la emoción más inútil de todas en términos de preservación de la vida: la alegría. La alegría provoca en nosotros procesos de aproximación; hace que nos acerquemos a lo que nos gusta y nos divierte, y también nos impulsa a explorar lo desconocido. **Si hay una emoción que vaya de la mano de la curiosidad, esa es la alegría.**

Para que la alegría aparezca, no pueden estar presentes el miedo, la rabia o la tristeza. Es la más frágil de todas y la primera que se pierde ante cualquier adversidad. **Por su menor importancia, siempre pasan las otras por encima de ella.**

Imagina que mañana tienes que mudarte de ciudad y, de un día para otro, debes empezar a ir a un instituto nuevo. La primera vez que entres en clase, puedes estar tranquilo, alegre y con ganas de hacer nuevos amigos, o puedes estar asustado, nervioso o, incluso, enfadado. Para que la tríada emoción-pensamiento-acción funcione para activar y mantener tu alegría, la situación no puede provocarte miedo, ni deberías ver a tus nuevos compañeros como una amenaza.

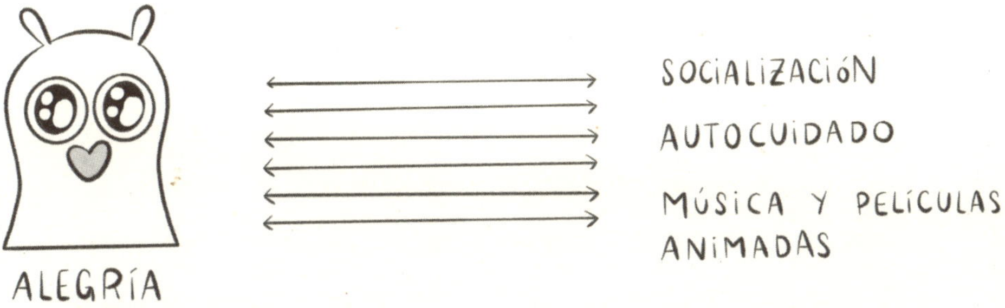

Figura 5. La alegría, con sus conductas y pensamientos relacionados.

Al ser una emoción más agradable que las otras, muchas personas acaban por entenderla como un objetivo en sí mismo. Olvidan que, como las otras, es una respuesta involuntaria, por lo que es posible que el hecho de buscarla nos provoque otras emociones, como la tristeza y, en especial, la rabia.

FALSA CREENCIA

La felicidad es un objetivo de vida por sí mismo. Podemos olvidarnos del resto de emociones y centrarnos solo en conseguir que la alegría sea lo único que sintamos.

LA REALIDAD

Lo mejor para nosotros es mantener el equilibrio de todas nuestras emociones. Hasta un exceso de alegría permanente puede ser malo, porque nos faltarían las demás emociones, que son ingredientes necesarios en nuestra vida.

El miedo

El miedo es una emoción activadora, tanto de la acción como de la inhibición, así que **tiene componentes similares a la tristeza y la rabia y otros muy diferentes**. No pensarías que todo iba a ser tan sencillo, ¿no?

Por un lado, el miedo activa la idea de huir, correr lejos con toda la energía que tengas. Por otro, te impulsa a evitar el peligro, a mantenerte en silencio, con discreción, como haría la tristeza. Cualquiera de estas opciones sigue manteniendo viva la emoción, ya que son acciones que asociamos mucho al miedo. Además, los pensamientos sobre aquello que nos asusta también contribuyen a que el miedo no desaparezca.

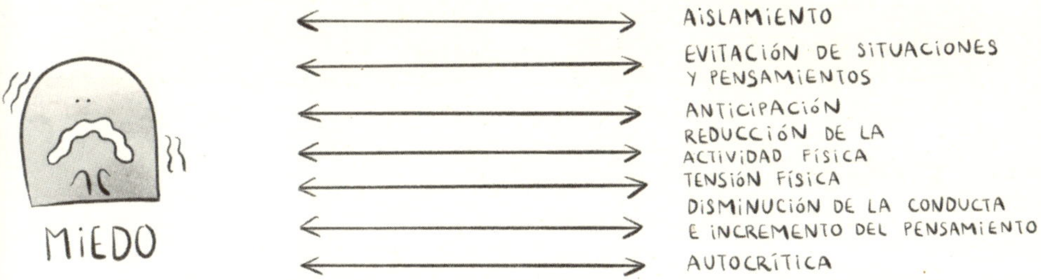

Figura 6. Aquí puedes ver la relación entre el miedo y algunos de sus pensamientos y conductas asociados.

El miedo es el gran aliado de la preservación de la vida, y eso lo convierte en la emoción más importante para tu supervivencia. Por eso tiene una activación tan fuerte y completa de la tríada emoción-pensamiento-conducta. La capacidad de percibir e identificar amenazas es la última que se pierde, igual que ocurre en el caso del asco.

La ira o rabia

El caso de la rabia es exactamente el opuesto al de la tristeza. Es una conducta activadora de la acción; eso sí, de un determinado tipo de acción: la lucha, la pelea, la discusión. La rabia genera un exceso de energía, una fuerza dentro de ti que te dice: «¡Haz algo, reacciona!». Es la responsable de que quieras seguir discutiendo, de que te cueste ceder y también de esa tensión física que a veces llega a recorrerte el cuerpo.

→ Ahora que acabas de leer algunas consecuencias de la rabia, ¿puedes recordar algún momento en que las hayas experimentado?

Identificar cuándo has sentido una emoción y cómo la ha interpretado tu cuerpo te resultará útil en el futuro, porque podrás darte cuenta de cómo funciona este proceso y sabrás cuándo te está volviendo a ocurrir. Algunos signos físicos de la rabia son cerrar los puños, elevar la voz, no poder estar quieto o acercarse demasiado al estímulo. En el esquema de abajo tienes más ejemplos de conductas asociadas a la ira.

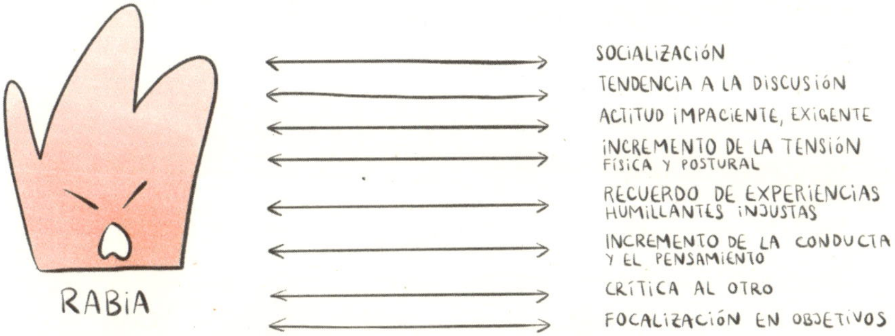

Figura 7. Estos son algunos de los pensamientos y conductas íntimamente relacionados con la rabia.

Puede que pienses que todo lo que acabas de leer es negativo, pero **recuerda que las emociones existen para ayudarte a sobrevivir en el mundo**. En general, la mejor forma de protegernos es evitar las lesiones, y eso a veces se logra gracias al miedo, que nos hace huir, y otras gracias a la energía extra que nos da la rabia para afrontar esa situación difícil.

El asco y la sorpresa

Ya te he dicho antes que no íbamos a entrar en el asco y la sorpresa, porque no son emociones tan sencillas de explicar, pero déjame compartir un par de detalles. Las conductas asociadas al asco son de rechazo pasivo, lo que quiere decir que te alejarán de lo que las provoque. En la práctica, esto supone que, si ves una piscina con agua sucia, no entrarás, y si ves una comida que huele mal, no te la comerás. En cambio, la sorpresa tiene una función intensificadora que incrementa la emoción a la que va asociada. La visita sorpresa de un amigo multiplica la alegría, y un susto imprevisto incrementa el miedo.

→ Con la sorpresa pasa una cosa muy curiosa, y es que hay personas que la consideran una emoción indeseable. Dicen que prefieren una vida tranquila, sin sobresaltos, y en la mayoría de los casos, cuando dicen esto, se quieren ahorrar los momentos en que la sorpresa se suma al miedo. Pero también hay veces en las que algo nos da más alegría porque no nos lo esperábamos, como una buena nota en un examen o una fiesta sorpresa.

Y tú, ¿has pensado alguna vez si te gustan las sorpresas? ¿Borrarías la sorpresa de tu vida, si eso implicase, también, que desapareciesen las buenas sorpresas?

Ahora ya sabemos muchísimas cosas de las emociones: qué son, para qué sirven, cómo funcionan y cómo se relacionan con sus mejores aliados, el pensamiento y la conducta. Con todos estos elementos, ya podemos adentrarnos en el mundo del surf. **Ya podemos empezar a aprender a gestionarlas.**

PARTE 2

¡A SURFEAR!

10

¿Cómo se surfean las emociones?

Ya verás que el plan para conseguir surfear las olas es muy simple de entender. Eso sí, como todas las cosas importantes, el reto no está en saber cómo se hace algo, **sino en practicarlo en cada ocasión**. Solo así darás el salto desde «saber lo que tengo que hacer» y llegarás hasta «saber hacerlo». La cosa es muy fácil y tiene solo tres pasos, que te voy a explicar a continuación:

PASOS

1. Identificación
2. Aceptación
3. Inhibición de los mecanismos de reactivación

Primer paso

El primer paso necesario es tan sencillo como **conseguir saber qué sientes**. ¿Cómo vamos a saber de qué forma afrontar una emoción, si ni siquiera identificamos cuál es? Ojo, que saber qué emoción sientes no significa lo mismo que comprender por qué se ha activado. Solo se trata de reconocer si sientes enfado, miedo, tristeza...

Segundo paso

El segundo paso para aprender a surfear es **aceptar la emoción sin juzgarla**. ¿Cómo puedes hacerlo? Recordando dos ideas clave que has ido leyendo a lo largo de este libro. La primera es que las emociones no son buenas ni malas, solo quieren ser útiles y protegerte. La segunda es que son involuntarias, por lo que la persona que las siente no puede ser definida por el hecho de que se le activen. No deben etiquetarla los demás ni, por supuesto, ella misma. **Así que las emociones no nos ayudan a definir o describir a la persona.**

Tercer paso

Ya tenemos los dos primeros pasos, identificación y aceptación. El tercero es un poco más largo, ya que se trata de evitar que la emoción se reactive. Así aprenderemos a aceptarla la primera vez que aparezca, pero no permitiremos que se quede con nosotros más tiempo del que debería.

Como ahora ya sabes, las emociones pueden clasificarse según su función, de modo que cada una tiene un método distinto de actuar y promueve conductas y pensamientos diferentes. Para cumplir este tercer paso, que es **romper con los mecanismos de reactivación**, tenemos que dedicar un espacio individual a cada emoción. Ahora sí, coge tu tabla y prepárate para zambullirte, porque en las próximas páginas aprenderás a surfear tus emociones.

11

Surfear la tristeza

Cuando alguien está triste, no tiene que animarse; tiene que saber y aceptar que lo está. Son los pasos 1 y 2 de nuestro plan, y no pasaremos al siguiente hasta que esto nos haya quedado claro.

Una vez que hayamos identificado la emoción, la aceptemos y nos permitamos sentirla, **podemos reflexionar sobre los desencadenantes**. ¿Qué ha hecho que te sintieras así? ¿Puedes recordar a partir de qué momento te pusiste triste? ¿Ha pasado algo concreto que explique por qué cambió tu estado de ánimo? Esas preguntas pueden ayudarte a entender de dónde sale esa sensación. En general, podemos hablar de tres tipos diferentes de desencadenantes.

DESENCADENANTES DE LA TRISTEZA

1. Una pérdida indeseada (de cualquier tipo)
2. Una enfermedad
3. Un motivo desconocido

Estar triste por una pérdida indeseada

Algunas causas son fáciles de identificar y otras, no tanto. Si, por ejemplo, el motivo es el fallecimiento de un familiar o de una mascota, **no hay nada que hacer para eliminar la tristeza por completo**. Nuestro estado de ánimo tenderá a ser triste durante unos días, e incluso podría alargarse a semanas o meses. Y sería totalmente normal, sobre todo si ha sido una pérdida muy importante.

También hay pérdidas que no están relacionadas con un fallecimiento, como una ruptura sentimental o el distanciamiento de unos amigos. A veces, parece que solo podemos estar tristes si alguien a quien queremos muere o enferma, pero terminar una relación de amor o de amistad también es un proceso duro que puede provocar una tristeza muy intensa.

→ ¿Qué puedes hacer si estás pasando por un momento así? Escribe en el recuadro todo lo que se te ocurra. Recuérdate todas las veces que haga falta que es normal sentirse de esta forma. Identifica la tristeza y acéptala. Hay un motivo por el que está ahí y se va a quedar un tiempo contigo.

Puedes repetirte frases como «Es normal estar así» o «No pasa nada por estar triste». Recordar todos los momentos agradables que compartiste con esa persona también puede ayudarte a comprender tu tristeza: despedirse de alguien es más difícil cuantos más ratos felices nos haya regalado.

¿QUÉ DICE LA CIENCIA?

En general, se cree que el proceso de superar la pérdida de un familiar lleva de uno a dos años. El primero es el año de las primeras veces sin esa persona: la primera cena de Navidad, la primera celebración de cumpleaños, el primer aniversario de su muerte... El segundo año es el de la reparación, en el que se afianza la nueva forma de vivir esos momentos sin esa persona. Eso no quiere decir que sean dos años de tristeza profunda y continuada, pero sí que es normal que haya un estado de ánimo que tienda a esa emoción, especialmente en los momentos significativos.

Estar triste por una enfermedad

En otras ocasiones, la tristeza puede activarse por un proceso de enfermedad. ¿Verdad que alguna vez has estado triste solo porque estabas malo? Nos ha pasado a todos. **Es una reacción que nos ayuda a mantener reposo, para que toda la energía vaya destinada a recuperarse.**

La información que tengas sobre tu enfermedad influye mucho en la intensidad de la emoción. Nos consuela más saber exactamente qué nos pasa y cuál es el tratamiento, y también nos alivia que los síntomas sean leves. De todas formas, sea como sea tu proceso de enfermedad, la tristeza estará presente. Sentirla te inhibirá, con lo que dejarás de hacer cosas habituales en tu día a día y tu cuerpo podrá dedicar toda su energía a curarse.

Igual de importante que sentir la tristeza es comunicarla, lo que harás sin darte cuenta a través de tu lenguaje corporal y los gestos de tu cara. ¿Y por qué es tan importante esta parte? Porque cuando expreses tu estado de ánimo a las personas de tu entorno, su empatía las incitará a preocuparse por ti y a cuidarte. La primera vez que, en la prehistoria, un grupo de seres humanos se detuvieron para cuidar de algún compañero que se mostró vulnerable, triste o enfermo, las posibilidades de sobrevivir de esa persona aumentaron. **La forma en la que hoy te cuidan quienes te quieren es una herencia de aquel momento.**

Estar triste... y no saber por qué

Es posible que no logremos explicar el motivo por el que estamos tristes. **Es el tercer escenario, y es un poquito más complejo que los demás.**

Una de las posibilidades es que hayas sufrido una pérdida, como en el primer caso, pero que no la estés identificando porque no es una situación tan clara como perder a una persona. ¿Qué pasa si sigues teniendo un amigo, pero ya no sentís la misma confianza ni os llamáis tantas veces para

quedar? La relación sigue existiendo, pero has perdido sus aspectos positivos, y eso da mucha pena.

Otra posibilidad es que sientas esta emoción por haber perdido un rol del que disfrutabas. Esto puede pasar si, por ejemplo, te gustaba encargarte tú de tu mascota y, de repente, es algo que tienes que compartir con tu hermano. Aunque seguro que acabas alegrándote de compartir algo así de bonito con él, al principio puedes sentir tristeza por haber perdido ese papel. Ya no tener esa responsabilidad que nos gustaba o nos hacía sentir especiales nos obliga a reconstruir nuestra forma de vivir, y eso suele venir acompañado de un poquito de tristeza.

¿QUÉ DICE LA CIENCIA?

¿Sabes lo que es el «síndrome del nido vacío»? Llamamos así a un proceso emocional por el que pasan algunos padres y madres cuando sus hijos se independizan. Durante esa etapa, pueden experimentar tristeza, soledad o irritabilidad, porque sienten que han perdido su rol como padres al no tener a sus hijos en casa.

En este grupo de situaciones, también entran aquellos momentos en los que, simplemente, tengo un mal día, un día de esos en que estoy más decaído, con menos ánimo, y no sé por qué ni lo sabré. Además, ni siquiera es necesario saberlo. Muchas veces, son cosas normales de eso tan mágico que te está pasando, que estás creciendo mucho y hasta están cambiando algunas partes de ti, como la voz; si no han empezado ya, pronto verás que también experimentas otro tipo de cambios, como en el pelo y la forma del cuerpo. Todas estas transformaciones las impulsan las hormonas, y la revolución que promueven no solo tiene efectos externos, y algunos de los internos pueden provocar esos momentos de menor ánimo, como mínimo hasta que esos cambios finalicen y se equilibren. Ya ves, aquí la tristeza no se relacionaría con nada negativo ni con nada externo, sino con el proceso natural de crecer.

En cualquiera de los tres escenarios, hay que aceptar la tristeza temporal y su presencia en nuestro estado de ánimo. No hay forma de salir de ella mediante atajos, y esto también es aceptación. Una vez que hayas completado el proceso de identificación («Estoy triste») y aceptado ese estado («Esto no se pasa tan rápido como quisiera, pero sin duda se va a pasar»), puedes avanzar hasta el tercer paso. Este último trata de bloquear las conductas impulsadas por la tristeza.

Qué hacer para no reactivar la tristeza

El plan de regulación de la tristeza consiste en **mantener, en la medida de lo posible, el ritmo de vida y las rutinas** que teníamos hasta ahora. Por simple que parezca, este planteamiento es la mejor forma de abordar tu tristeza.

Quizás alguna vez hayas oído a alguien quejarse de que está triste y le aconsejan que no se quede en casa, que haga cosas, que quede y salga por ahí. Sí, suena absurdo, pero lo mejor que podemos hacer para evitar que la tristeza se vaya reactivando es no cumplir con lo que nos pide el cuerpo y no disminuir en exceso nuestra actividad. Eso sí, nos vendrá bien asumir que es posible que todo lo que hagamos sea con menos vitalidad de la normal. ¡O incluso sin ningunas ganas! Podemos forzarnos a hacer cosas, pero no a tener ganas de hacerlas.

Si sabemos esto y lo sabe también nuestro entorno, no habrá problema. Si mantenemos el ritmo de vida, nos aseguraremos de que la tristeza que sentimos es la que corresponde a la causa y que no está retroalimentada por las conductas que provoca.

FALSA CREENCIA

Toda la tristeza que sientes, cuando llevas unos días encerrado en tu cuarto sin hacer nada más que escuchar canciones tristes, viene de ese primer estímulo que ha activado la emoción.

LA REALIDAD

Siempre hay un estímulo que detona la tristeza, pero, si conseguimos parar la reactivación, esa emoción desaparecerá antes. Si nos quedamos en casa sin hacer nada, parte de la pena que sentimos vendrá de estos comportamientos y no del detonante inicial.

¿Cómo hacemos esto de mantener las rutinas? En el caso de un niño de siete u ocho años que pierda a algún ser querido, una forma de conservarlas es intentar que siga teniendo contacto con sus compañeros de clase, o que no deje de ir a las actividades extraescolares que tanto le gustan. Claro, será muy normal que no tenga las mismas ganas o la misma concentración, y también es probable que le cueste disfrutarlo como antes, pero el hecho de que siga estando presente en su vida le protegerá frente a la reactivación de la emoción.

→ Estoy seguro de que, ahora que estás leyendo esto, te parece muy sencillo saber qué actividades o espacios tendrías que mantener si estuvieras en esa situación. Es más fácil hacer esta lista ahora, con la calma, cuando no te cuesta pensar en todas las cosas que disfrutas.

Así que... ¿por qué no aprovechas este espacio para crear esta lista de todas las actividades que te gustan? Yo te doy las primeras ideas: pueden ir desde practicar algún deporte hasta leer tu libro favorito antes de dormir, jugar con tu perro o visitar a tus primos (o ponerte tu camiseta favorita).

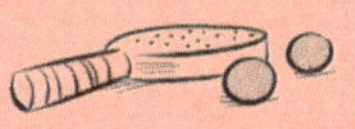

LOS TRES PASOS DE REGULACIÓN DE LA TRISTEZA

1. Saber que la sientes.

2. Aceptarla.

3. Evitar los mecanismos de reactivación: conservar la rutina que te mantiene activo.

Recuerda que, en un estado de tristeza, puedes llegar a no disfrutar de estas actividades, o no disfrutarlas tanto como siempre, pero **eso no es motivo para no hacerlas**. No han dejado de ser divertidas y, aunque no te apetezcan, te ayudarán mucho a sobrellevar la tristeza y a que esta no dure más de lo que requiere.

Piensa que, en la tristeza, a veces es como si una ola o alguna circunstancia te hubiera dejado en tierra; allí ninguna ola va a venir a rescatarte, ninguna puede devolverte a esa distancia mar adentro donde pasan las cosas, también las divertidas. En esa situación que la tristeza te ha varado, toca subirse a la tabla y bracear; no hay olas que te impulsen, así que irás con más lentitud, seguramente con más esfuerzo. No es lo mismo bracear que surfear, pero seguirás avanzando hasta llegar a ese lugar, mar adentro, en el que todas las cosas vuelven a pasar con la intensidad de siempre.

La ciencia dice que estar triste, incluso muy triste, puede ser normal, que no ocurre nada por pasar unos días en la orilla recuperándote un poco antes de empezar a bracear. Eso sí, si ves que tu tristeza profunda se alarga más de dos semanas, es posible que necesites un poco de ayuda profesional.

No escuches al algoritmo de tu tristeza, que te está pidiendo que abandones tus actividades, y acepta que hay periodos en que, simplemente, las harás con un ánimo diferente.

FALSA CREENCIA	LA REALIDAD
Para hacer algo «mal», es mejor no hacerlo.	Hay veces que es mejor hacer algo tan bien como podamos, en vez de no hacerlo. Vale más algo inacabado que algo no empezado.
Tengo que tener motivación para hacer las cosas.	¡Error! Debes tener compromiso para hacer las cosas. La motivación es un elemento que facilita el trabajo, pero no es indispensable

Mucho cuidado con caer en bucles mentales cuando estás triste, porque, si das rienda suelta al pensamiento y te pones a reflexionar sobre tu vida, acabarás llegando a la conclusión de que todo te ha ido mal. Y seguro que, en realidad, no tienes motivos para pensar eso, ¿a que no? No dejes que esta emoción tiña tus recuerdos.

¿Te acuerdas de lo que vimos antes?, ¿aquello de que conducta y pensamiento son competidores? Mientras te centres en pensar, no actuarás. No olvides que la gestión no consiste en eliminar la emoción, sino en surfearla y aceptarla. **El dolor es inevitable, pero el sufrimiento es totalmente evitable.**

MIX DE EMOCIONES

¡Un aviso! Algunas emociones aparecen juntas a menudo. En el caso de la tristeza, su emoción más próxima es la rabia, en especial durante la infancia y la adolescencia. Por ejemplo, a veces es posible identificar la tristeza de un niño a través de sus expresiones de rabia, porque la irritabilidad en los más pequeños puede ser un síntoma de ambas emociones.

12

Surfear la alegría

¿Hacemos un pequeño repaso? De la alegría, sabemos que impulsa la curiosidad, pero también que es una emoción realmente frágil, muy vulnerable a ser desplazada por cualquiera de las otras. Es más fácil perder esta emoción porque el cuerpo entiende que las otras son más útiles para proteger la vida, por lo que les da prioridad. De ellas, la que más suele desplazar a la alegría es la rabia. **Por eso hay que tener tanto cuidado en insistir en conservar la felicidad a toda costa**, porque podemos acabar abriendo la puerta a la frustración y la rabia.

¿QUÉ DICE LA CIENCIA?

La dopamina, la oxitocina, la serotonina y las endorfinas son unas sustancias que produce tu cuerpo y que están muy unidas a la sensación de felicidad. Su presencia despierta tus ganas de relacionarte con los demás, y, depende de cuál destaque más, te llevará a un estado entre la satisfacción, la armonía y la euforia. El estilo de vida que lleves influirá en tu capacidad para producir más o menos de estas sustancias. Dormir bien y hacer deporte, por ejemplo, son muy importantes para que tu fábrica de hormonas no pierda potencia.

¿Cómo puedes gestionar la alegría?

No hace falta que me lo digas: tú no quieres aprender a disminuir la alegría, lo que quieres es sentirla más a menudo, ¿a que sí? Es habitual que aquí tengamos un objetivo diferente al del resto de las emociones: en lugar de apaciguarla, queremos que aparezca. Ya hemos aprendido que las emociones son involuntarias y se

activan al reaccionar a estímulos, así que esto de hacerlas aparecer de la nada no suele ser un camino muy exitoso.

Esto no quiere decir que no podamos hacer nada para provocarla o para hacer que esté más tiempo con nosotros una vez que haya aparecido. ¿Quieres saber cuál es el truco? **Para la gestión de la alegría, es decir, para incrementar las posibilidades de que esta se active, hay que quitarle el foco.** Hacer esfuerzos para estar contento es la mejor receta para dejar de estarlo.

En realidad, no centrarse en la emoción en sí es un buen consejo para todas ellas. Intentando evitar el miedo consigues mayores dosis de miedo, replegándote en ti en los momentos de tristeza solo obtienes más tristeza, discutiendo durante un momento de indignación provocas más rabia y queriendo ser feliz únicamente lograrás frustración.

La mejor forma de conservar la alegría es olvidarse de ella y ocuparse de mantener un cuidado general. Para sentir alegría, lo primero que hay que hacer es quitar todo lo que la bloquea. Es una estrategia sencilla, que no simple, y que se basa en cinco imprescindibles que te muestro a continuación:

LOS CINCO IMPRESCINDIBLES PARA LA ALEGRÍA

1. Cuidado de la higiene personal
2. Buena alimentación
3. Buen descanso
4. Ejercicio físico
5. Curación de las dolencias físicas

Cada elemento de esta lista busca reducir los niveles de tristeza y de rabia. Sin esas emociones, haremos hueco para que la alegría se manifieste en forma de estado de ánimo continuado. Por supuesto, este estado no implica que desaparezcan los estímulos que activan otras emociones, así que, ¿qué hacemos para mantener la alegría en esos momentos? **Debemos poner en práctica todo lo que estamos aprendiendo y surfear esas emociones favoreciendo que no se reactiven.**

Aquí entra en juego todo lo que has ido leyendo a lo largo del libro. Ahora sabes que puedes atravesar los momentos de tristeza manteniendo tu rutina, y en los siguientes capítulos aprenderás a enfrentarte a los miedos para romper las respuestas asociadas a ellos, protegerte a ti y a los demás buscando la calma en las situaciones de enfado, aceptar la incertidumbre y las sorpresas como parte del día a día y afrontar los desajustes que genera el asco con la certeza de que puedes sobreponerte a ellos. Haciendo todo esto, **podrás tener un estado de ánimo general de alegría en el que haya momentos de enfado, miedo, sorpresa, asco o pena, que sabrás aceptar, entender y transitar sin alargarlos**.

Una vez que hemos conseguido surfear las otras emociones, la clave para mantener la alegría es dejarse llevar por ella de forma moderada.

→ Seguro que hay un millón de posibilidades en tu día para aceptar el impulso de la alegría. Sal, socializa, atrévete a hablar con gente nueva y de temas que desconoces. Mantén la curiosidad, no te enredes en pensamientos circulares. No tengas miedo de aburrirte, porque en los momentos de aburrimiento se despierta la creatividad.

Pruébalo la próxima vez que te encuentres en una situación parecida. Imagina juegos o historias, o coge lápiz y papel y da rienda suelta a tu genio creativo. ¡Quizá te sorprendas!

Con esto, tienes toda la información para gestionar tu alegría. Recuerda que se trata de una emoción frágil, que aparecerá solo si ya hemos cumplido con cuidar de nuestra salud, y que la mejor forma de percibirla es no prestarle demasiada atención. No la pongas como objetivo; mejor céntrate en mantener las otras bajo control para que esta surja por sí misma.

13

Surfear el miedo

A diferencia de la tristeza, cuando una persona está asustada, generalmente tiene muy claro por qué. Con el miedo, los estímulos suelen ser muy fáciles de identificar: un animal, la oscuridad, una tormenta, una persona agresiva...

Del miedo, sabemos que es la más urgente y fuerte de las emociones y, por tanto, la más difícil de combatir. **Cuando una emoción tiene la función de salvarnos la vida, siempre tendrá preferencia sobre las demás.** Si algo te asusta, lo hará aunque estés triste, asqueado o alegre.

Antes hemos visto que, con la tristeza, lo que domina es el pensamiento y, con la rabia, lo que domina es la acción. **En el caso del miedo, es tan potente que todo se activa a la vez.** Así que no te extrañes si te cuesta lidiar con él, porque es una de las emociones más complejas de surfear y que genera las olas más grandes. Ten paciencia con los demás y, sobre todo, contigo.

→ La próxima vez que alguien cerca de ti tenga miedo de algo, recuerda esto que has aprendido y pon en práctica tu paciencia.

Si no te enfadas ni te pones nervioso, es más probable que esa persona sienta que puede hablarte de sus miedos. Así podrás ayudarla a cumplir los dos primeros pasos de nuestro plan, que son entender qué estamos sintiendo y aceptarlo. Solo con esto, ¡ya te habrás convertido en un gran aliado!

¿Qué ocurre cuando te asustas? El miedo altera tu pensamiento y tu capacidad de comprensión, y centra toda tu atención en el estímulo. Pongamos que te dan miedo los fantasmas. Si una noche, en tu cuarto, ves moverse las cortinas y piensas que hay un fantasma, a tu cerebro le va a costar mucho salir de esa idea y darse cuenta de que ha sido el viento que entra por la ventana. No es que no quieras pensar que no es un fantasma, sino que tu emoción te está obligando a no valorar esa posibilidad. **Una vez que tiene tu atención ahí, el miedo despertará la acción de huida o bloqueo.** Y, aunque el estímulo desaparezca, seguirá estando presente a través del pensamiento. Todo el proceso es agotador.

Una emoción que no nos deja pensar

El miedo tiene una doble lectura muy interesante. Cuando hay un peligro, es muy fácil entenderlo. Por ejemplo, si te vas a bañar en el mar y hay un tiburón, a nadie se le ocurriría enfadarse porque alguien se asuste. Al fin y

al cabo, ese miedo te está diciendo: «¡No te bañes! Es peligroso». En cambio, si no quieres meterte en la piscina por la noche porque está oscuro y te imaginas un tiburón nadando dentro, la cosa cambia. Como es imposible que eso ocurra, puede que la gente sí que se enfade y diga: «¿Cómo puede darte miedo? ¡Si es imposible!». La realidad, en cambio, es que **tu cuerpo está experimentando el mismo proceso en las dos situaciones**.

¿Hasta dónde nos puede llevar esta emoción? Vamos a verlo con un ejemplo. Imagina que estamos con alguien que tiene muchísimo miedo a las arañas y le pedimos que ponga la mano sobre la pantalla de un ordenador. Esta primera vez lo hará sin problema. Pero si, mientras la está tocando, la pantalla se ilumina con la imagen de una araña, seguro que se aparta de un sobresalto. Su miedo se activará, aunque sepa que es una imagen y no un animal vivo.

Es posible que ni siquiera acepte volver a poner la mano sobre la pantalla después de que desaparezca la imagen, ya que se habrán despertado también los pensamientos de miedo. Por supuesto, una imagen no entraña ningún peligro y esa persona lo sabe, pero le cuesta mucho romper esta secuencia de acontecimientos. Ni siquiera querrá pensar en una araña, por más que sepa que los pensamientos tampoco pueden hacerle daño. **Así de poderosa es esta emoción.**

¿QUÉ DICE LA CIENCIA?

El miedo a las arañas se llama «aracnofobia» y puede ser un resultado evolutivo que mantenemos desde hace millones de años. En la prehistoria no había antídotos ni hospitales, por lo que una picadura de araña podía tener consecuencias mucho más graves que ahora. En la actualidad, solo 200 de las 40.000 especies de araña tienen un veneno poderoso, y casi ninguna es agresiva. Aun así, son una de las amenazas que más han persistido en el pensamiento humano.

Qué hacer para no reactivar el miedo

Como en el resto de las emociones, en el miedo, las conductas asociadas lo incrementan y mantienen. Cada vez que una persona que tiene miedo a los ascensores evita subir a uno no solo no gestiona esta emoción, sino que refuerza su conexión con esta situación. Cada vez le será más difícil ver que un ascensor no provoca ese miedo.

Entonces, ¿cuál es la forma de regular el miedo? La solución es afrontarlo, que es justamente evitar las conductas (la huida y la evitación) y los pensamientos (la anticipación) asociados a él. En los ejemplos anteriores, eso implicaría que alguien atemorizado por las arañas no debería levantar la mano de la pantalla y que alguien con miedo a los ascensores tendría que conseguir subir a uno. **Sus miedos, sin las conductas asociadas, se harán más pequeños y acabarán desapareciendo.**

FALSA CREENCIA

Si no quiero pasar miedo, ¿qué mejor que no acercarme a las situaciones que me lo den? No ir a nadar al mar, no salir de excursión, no subir en aviones, no probar una actividad nueva...

LA REALIDAD

No haciendo algo no solucionarás el miedo, porque, cuando pienses en ello, ¡seguirás sintiendo lo mismo! Solo si te atreves a ir probando poco a poco esas situaciones, tu cuerpo verá que no tiene de qué huir y esta emoción dejará de tener sentido.

Poco a poco y sin juzgar

Hay dos elementos que debemos tener en cuenta a la hora de surfear la emoción más importante que el ser humano puede experimentar:

- Avanzaremos poco a poco.
- Evitaremos juzgar el miedo.

Afrontar el miedo no es algo que podamos hacer de un día para otro. En su lugar, nos aseguraremos de **avanzar de forma progresiva**, dando pequeños pasos en la dirección adecuada. El primero puede ser imaginar aquello que nos provoca temor y evitar así los mecanismos de anticipación que nos impiden incluso pensar en ello. Después, podemos hacer pequeños avances acercándonos a lo que nos da miedo, evitando la huida. Cada vez que la emoción se active y sus conductas asociadas no, estaremos haciendo grandes avances.

→ Uno de los miedos más comunes es el de hablar en público. ¿Te ha pasado? Cuando toca presentar un trabajo delante de todos o hacer una exposición, es muy común que se despierte esta emoción. Puede que te dé miedo equivocarte, olvidarte de algo o que al profesor no le guste, aunque te aseguro que lo más probable es que todo salga bien. Aquí tienes algunas ideas para aplicar lo que acabas de leer a esta situación.

1. **No evites pensar en que tendrás que hacerlo.** A veces, para no tener ni que pensar en ello, fingimos que nunca ocurrirá, pero eso no es verdad. Acostúmbrate a pensar que tú, como todos tus compañeros, expondréis vuestros trabajos en clase.

2. **Ensaya en privado.** Practicar te ayudará a colocarte en situación y te será más fácil cuando llegue el momento. Como lo harás solo, nadie te dirá nada si te equivocas, te repites o quieres volver a empezar. Practica todas las veces que quieras. No te sorprendas de experimentar miedo de hablar en público cuando ensayes sin nadie: estás haciendo algo que se aproxima a lo temido, así que sentir miedo a hablar en público estando solo tú es totalmente normal, aunque parezca raro. A medida que ensayes, te irá pasando, y lo mismo ocurrirá cuando finalmente tengas que exponerte al público de verdad. Ensayando mejorarás tu habilidad y, más importante que eso, superarás el miedo.

3. **Ensaya con una persona de confianza.** Un amigo, un hermano, tus padres... Sabes que ellos tampoco van a criticar nada, porque aquí solo se trata de que cojas soltura y confianza. Así te acostumbrarás a tener a alguien delante mientras hablas, sin salir de un entorno seguro. Recuerda que, aunque sean espacios seguros donde sepas que no te van a criticar, el miedo no entiende de razones, solo de afrontamiento.

Cuando nos acercamos a un miedo poco a poco, lo que estamos haciendo es habituarnos a la emoción sin dejar que se activen las conductas y los pensamientos asociados. Es un mecanismo muy útil, y te prometo que, si lo pruebas, notarás que puedes controlar mejor tus miedos. No obstante, todavía hay un segundo elemento importante que también nos puede ayudar. Cuando alguien nos diga que tiene miedo de algo, **evitaremos responder con juicios y críticas**. El miedo no funciona con lógica y no se puede desactivar a voluntad.

FALSA CREENCIA

Cuando alguien tiene miedo, le sentará bien oír:
- **«No pasa nada».**
- **«No hay motivos para tener miedo».**

LA REALIDAD

La mayoría de las veces, la persona asustada ya sabe que no hay un motivo lógico para tener miedo, pero no puede elegir no sentirlo. Lo que más le ayudará será poder expresar su temor sin que se burlen de ella o intenten «curarla» de una sola vez.

Recuerda que nadie es absurdo, tonto, cobarde o infantil por tener miedo a algo. Es muy probable que esa persona ya sienta vergüenza por no poder controlar esta emoción, así que lo mejor que podemos hacer será hacerla sentir apoyada. Seguro que, cuando tú te has asustado por algo, no te ha gustado nada que te dijeran «No es para tanto» o «Tienes que ser más valiente». ¡Normal! Además, ser valiente no consiste en no tener miedo, sino en atreverse a afrontarlo.

Un trabajo en equipo

Para surfear el miedo, lo que mejor funciona es que **nos apoyemos entre todos**. Déjame ponerte un ejemplo con el que seguro que entiendes a la perfección a qué me refiero.

Piensa en una familia en la que al niño pequeño le da miedo ir al baño solo. Puedes creer que no hay motivos lógicos para esto, pero ya hemos visto que a esta emoción eso le da igual. Este niño solo tiene cuatro años, así que no tiene por qué saber qué le sucede ni qué pasos debe dar para manejarlo. Es aquí cuando entran en juego padres y hermanos:

HIJO: Papá, acompáñame al baño.

PADRE: ¿Dónde, hijo? ¿A esa puerta? *(Señala la puerta del baño, que se ve desde ahí)* ¿Tienes miedo, mi amor?

HIJO: Sí, papi, por favor, acompáñame *(saltando ya por la urgencia)*.

PADRE: No, mi amor. El baño está ahí, puedes ir solo.

HIJO: Nooo, por favor, por favor... *(con lágrimas en los ojos, agarrándose el pantalón y saltando)*.

PADRE: No, cariño, estoy acabando de hacer la cena.

Tres segundos después, el niño corre al baño y vuelve en tiempo récord. Cuando regresa parece consternado.

PADRE: *(Dirigiéndose a la hermana mayor)* Hija, ven un segundo. ¿Sabes lo que ha hecho tu hermano?

HIJA: No... *(con mucha curiosidad)* ¿Qué ha hecho?

PADRE: No te lo vas a creer: tenía miedo de ir al baño solo y ¿sabes qué ha hecho?

HIJA: ¿Se ha atrevido a ir él solo?

PADRE: Te lo prometo, tenía miedo y ha ido.

HIJA: ¡Alaaaaaa! ¡Qué valiente!

Una hora después, a la llegada de la madre.

PADRE: Mamá, no sabes lo que ha hecho tu hijo... Hija, explícale a mamá lo que ha hecho tu hermano.

→ ¿Has visto lo que ha hecho esta familia? Ha enseñado al niño pequeño a surfear el miedo, siguiendo los tres pasos. Si vuelves a leer el diálogo, ¿crees que podrás identificarlos? Recuerda que el primero es la identificación de la emoción, el segundo, la aceptación de esta, y el tercero consiste en evitar los mecanismos asociados.

Te dejo un momento para que releas el ejemplo y compruebes tus respuestas más abajo:

– **Identificación:** Cuando el padre dice «¿Tienes miedo, mi amor?», está ayudando a su hijo a entender qué está sintiendo.

– **Aceptación:** En lugar de responder «En el baño no hay nada» o «No deberías tener miedo», el padre acepta la emoción.

– **Evitar las conductas:** Al negarse calmadamente a acompañar al niño, el padre consigue que su hijo afronte su miedo. Aunque esto no hace que el miedo desaparezca de golpe, el niño ya sabe que es capaz de entrar en el baño solo.

– **Premiar la conducta de afrontamiento:** Decir «No es un cobarde ni un miedica por tener miedo, sino que es un valiente por enfrentarse a él, merece un reconocimiento».

En el ejemplo, el padre es quien responde al niño, pero la hermana y la madre también ponen su granito de arena al celebrar sus éxitos y no cuestionar su miedo. Así que ya ves: tú también puedes jugar un papel en el aprendizaje de tus hermanos o amigos. Surfear esta emoción no es sencillo, pero entre todos se puede lograr.

Todos los miedos son posibles; algunos nos ayudan y otros nos limitan. El desafío es identificar los segundos y aprender a liberarnos de ellos, para cambiar el «No puedo hacerlo porque tengo miedo» a «Todavía no lo hago, pero hoy voy a empezar a superarlo hasta conseguir hacerlo».

14

Surfear la ira

¿Cómo se siente una persona que experimenta ira o rabia excesiva? Suele decirse que la rabia viene acompañada de la sensación de no *poder* controlarse, pero la realidad es que la sensación auténtica es de no *querer* controlarse.

El objetivo de la rabia o ira, igual que el del miedo, es la protección de la vida, pero **en este caso el impulso no es de evitar la amenaza, sino de acabar con ella mediante la lucha** y, a veces, hasta la violencia. Esta diferencia entre miedo y rabia hace que la segunda sea más arriesgada, ya que no nos hace huir del peligro. Por eso esta emoción bloquea el pensamiento: no quiere que pensemos, solo que actuemos.

Además, la rabia busca de forma activa que logremos un bienestar. Es una emoción muy relacionada con la idea de conseguir tus sueños y objetivos vitales, para lo que aporta esa energía extra que necesitas a la hora de acabar con las situaciones desagradables o las amenazas. Y, como suele aparecer con mucha fuerza, es fácil de identificar, tanto en ti como en los demás.

→ Y tú, ¿qué harías para detener una explosión de rabia? Imagina que te has juntado con tu grupo de amigos para hacer un trabajo de clase, pero uno de ellos no está nada de acuerdo con la forma de dividir las tareas. Al principio solo está mosqueado, pero pronto el enfado se hace más y más grande. ¿Cuál crees que es la mejor decisión?

Como la rabia es una emoción de la acción, nos pone muy difícil detenernos a reflexionar. Una vez que se activa, resulta muy complicado debatir y llegar a un acuerdo con esa persona, por lo que la acción más útil sería aplazar la conversación con vuestro compañero hasta que vuelva la calma. Esta decisión también la puedes tomar si eres tú quien nota que está creciendo dentro de ti. No es fácil, pero, si la pillas a tiempo, puedes intentar darte un momento para tranquilizarte. ¡Todo el mundo te lo agradecerá!

El rincón de pensar

Seguro que has oído más de una vez eso de irse al «rincón de pensar». Esta expresión, que posiblemente te suene a castigo, resulta ser **la mejor estrategia de regulación de la rabia**. Es un método muy inteligente de poner freno a las conductas asociadas a la emoción, y las personas más inteligentes lo aplican de forma intuitiva. Cuando se dan cuenta de que se están enfadando, lo aceptan y optan por retirarse a algún lugar tranquilo a esperar que esa ola de rabia pase. Si alguien les pregunta, lo explican tal y como es: «En estos momentos me siento muy enfadado, prefiero calmarme y hablar de esto más tarde, porque es un asunto que me preocupa mucho y lo quiero hacer bien». En resumen: reconocen la emoción, la aceptan y ponen freno a su reactivación.

En la mayoría de las ocasiones, después de un rato, el enfado habrá pasado. Al haber evitado la violencia y las ganas de hacer daño que pide la rabia, no tendrán nada de lo que arrepentirse, y volverán las ganas de colaborar y participar.

¡NO TE OLVIDES!

Aunque en este capítulo nos estemos centrando en la rabia que nos hace tomar malas decisiones, no te olvides de que esta también es el ingrediente principal de muchos cambios sociales y avances en derechos. La idea de que está sucediendo algo injusto despierta la rabia en muchas personas y es un primer paso necesario para que se junten, colaboren y exijan un cambio que haga del mundo un lugar mejor.

Otra de las particularidades de esta emoción es que **es una de las más contagiosas**. Enfadar a alguien es tremendamente sencillo, y como es propulsora de la acción y no inhibidora, esta segunda persona activará ciertas conductas y podrá contagiar a más gente. La idea del rincón de pensar también resulta útil aquí, porque pone distancia e interrumpe esa cadena de activaciones. **Recuerda: la rabia es mala consejera; es mejor tomar decisiones una vez que haya pasado.**

¿Cómo escala la rabia?

Ya hemos aprendido que, una vez identificada y aceptada la emoción, nuestra mejor baza es poner tierra de por medio, al menos temporalmente. Pero ¿qué ocurre cuando no lo hacemos? Déjame enseñártelo con un ejemplo.

Unos padres llegan a un acuerdo con su hijo por el que podrá jugar media hora a la videoconsola cuando haya acabado los deberes. Las tres partes implicadas firman el acuerdo y el chico, a las siete de la tarde, enciende la consola. Esto es lo que sucede veinticinco minutos después:

PADRE: Hijo, son las siete y veinticinco. Te quedan cinco minutos.

HIJO: Vaaale... *(sin prestar atención).*

PADRE: Las siete y media: se acabó el tiempo. Apaga el juego *(con expresión de calma).*

HIJO: Sí, ya voy, ya voy *(con expresión de súplica y miedo).*

PADRE: Hemos dicho que jugarías hasta y media, han pasado cinco minutos de la hora y sigues ahí. Te has comprometido a hacerlo, apaga el juego *(con expresión de firmeza y enfado; tiene mirada de decepción por estar en una situación indeseable de nuevo).*

HIJO: *(Expresión de enfado, de frustración, elevando la voz)* Déjame un minuto, no pido tanto, estoy acabando la partida. ¡No puedo dejarlos ahora tirados!

PADRE: *(Contagio de la rabia: expresión de ira, frustración, tono elevado)* Nos hemos comprometido a dejar de jugar, lo has firmado. Siempre estás igual, no se puede confiar en ti.

HIJO: *(Escalada de rabia: expresión de rabia, mirada de desprecio)* Solo te estoy pidiendo que me dejes un segundo, que estoy acabando la partida. Siempre estáis igual, sois unos pesados.

PADRE: *(Escalada de rabia)* ¡A mí no me hables así! Te has quedado sin videoconsola una semana.

HIJO: *(Explosión de rabia)* Idos a la... ¡Siempre estáis fastidiándome la vida!

PADRE: ¿Que me vaya a dónde? ¡Un mes sin juego! ¡Y apaga eso ya!

(Ya nada importa, qué más da un mes o un año o toda la vida. Ya no actúa la cordura, y lo único que se busca es aumentar la rabia para que el miedo del otro crezca e impida el conflicto. Es una estrategia muy desajustada y poco funcional fuera de la jungla).

Lo que acabas de leer es un ejemplo típico de cómo escala la rabia. Los dos protagonistas creen tener razones para enfadarse: el hijo piensa que con las más de seis horas que pasa en clase ya es suficiente, y preferiría jugar toda la tarde; los padres, en cambio, creen que el juego no le aporta nada positivo, que podría dedicar su tiempo a un deporte o a hacer algo con ellos, y que tienen más conflictos desde que usa la con-

sola. Aquí la clave es que han firmado un pacto en el que ambas partes han cedido. El chico consigue media hora diaria de juego, que es mucho menos de lo que desea, pero los padres han permitido un máximo de dos horas distribuidas durante la semana, que también es más de lo que les gustaría. La discusión llega cuando ese acuerdo consensuado no se cumple.

¿QUÉ DICE LA CIENCIA?

Para intentar comprender la dificultad de la situación, deberías saber que hay muchos profesionales expertos en el comportamiento humano que trabajan para las empresas de videojuegos y aplicaciones. Su labor es hacerlos, más que atractivos, adictivos. Esta es la razón por la que resulta tremendamente difícil dejar de jugar: esos expertos consiguen manipular tus circuitos cerebrales de recompensa y engancharte a sus productos. La ciencia también ha observado que los videojuegos pueden incrementar la agresividad en los niños, otro elemento que hace más difícil surfear la rabia.

¿Cómo se puede mantener la rabia bajo control en esa situación? Con los padres haciéndose cargo de desconectar el juego de forma remota, ya sea cortando la luz, el *router* o cualquier otra opción que no pase por la participación de su hijo. Se desconecta tal y como se había pactado, y los adultos se quedan voluntariamente sordos hasta que se extingue el fuego. Cualquier alternativa es mejor que apagar un fuego con gasolina o con una explosión.

Después de todo esto..., ¿con qué debes quedarte? Con que **la rabia es una emoción de construcción, un motor de cambio que nos incita a la acción**. La indignación con una injusticia nos impulsa a combatirla, como vemos a menudo en la adolescencia. Es aquí cuando más sentimos que queremos cambiar las cosas y afrontar nuevos retos. Enfadarse es normal, seguir la lucha que te propone el enfado está bien, si lo haces por las razones adecuadas; cuando no lo son, hay que intentar hacer uso del rincón de pensar. Por eso, el desafío con esta emoción es conseguir ponerla al servicio de nuestros objetivos.

FALSA CREENCIA	LA REALIDAD
Hay que hacer desaparecer la rabia de nuestra gama de emociones. Las mejores personas son las que jamás la sienten ni la expresan de ninguna forma.	¡Nada más lejos de la realidad! Si nos quedáramos sin rabia, tampoco tendríamos la emoción del cambio, de la lucha y de la justicia. Tenemos demasiadas cosas que agradecerle como para desear eliminarla. Con la relación adecuada, esta emoción es una gran aliada.

15

Surfear el asco

A estas alturas del libro, ¿qué sabes del asco? Hemos hablado de que su función es proteger la vida y de que es capaz de frenar un impulso tan primario como el del hambre. De hecho, solo el miedo y el asco son capaces de hacerlo.

¿QUÉ DICE LA CIENCIA?

Los animales son capaces de provocar esta emoción en sus enemigos para que no los devoren. Las conductas asociadas al gusto y al olfato son de las que más rápido se adquieren, y por eso, cuando una mofeta, por ejemplo, emite sustancias fétidas o que le dan mal sabor para alejar a un perseguidor, no solo se está protegiendo a sí misma: el depredador extenderá ese asco a todas las mofetas que se cruce en su vida.

La gestión del asco es más sencilla que la de las otras emociones que acabamos de ver. Sí, es una sensación desagradable, pero resulta menos incapacitante que el miedo. ¿Recuerdas el ejemplo del fantasma y las cortinas? Cuando algo te asusta de verdad, tu capacidad de pensar se anula; cuesta mucho seguir un razonamiento lógico para dejar de tener miedo. En cambio, el asco deja más libertad al proceso de pensamiento. **Por eso, la forma de gestionar esta emoción no tiene secretos: el estímulo la activa, la identificamos, la aceptamos e inhibimos las conductas asociadas a ella: evitamos el rechazo.**

En relación con la comida, hay muchos niños que dicen que no les gustan algunos alimentos, que les dan asco. Es cierto que puede dar asco un alimento, aunque no esté en mal estado, como pasa con el miedo, que dan miedo situaciones o cosas que no son peligrosas. Cuando evitas

hacer actividades por un exceso de miedo, te pierdes muchas cosas divertidas que puedes hacer cuando lo superas. Lo mismo ocurre con la comida: **cuando superamos el asco a los alimentos, además de tener una dieta más rica, también podemos disfrutar de nuevos sabores y texturas**.

¿Se puede superar el asco?

→ Este es un buen momento para que te detengas a pensar en las veces que has afrontado esta emoción. Seguro que enseguida te vienen a la cabeza situaciones, olores o comidas que te resultan desagradables, ¿verdad?

¿Puedes recordar qué ocurrió la última vez que aparecieron en tu vida? ¿Fuiste capaz de cancelar el impulso de rechazarlas o te dejaste llevar por el asco?

Si te pregunto esto, es porque una de las respuestas más habituales cuando alguien se encuentra en esta situación es decir cosas como «No puedo hacerlo», «Es superior a mis fuerzas» o «De verdad, es que no me puedo controlar». Sé que parece una razón válida, pero siento decirte que todos podemos afrontar el asco.

La sociedad está llena de ejemplos de gente que se sobrepone a esta reacción. Muchas de las personas que se dedican a trabajos esenciales para la sociedad, como la gestión de residuos, o la limpieza de calles y alcantarillas, lidian con malos olores prácticamente a diario. Los médicos, los enfermeros y los cuidadores también están

acostumbrados a encontrarse con situaciones que generan asco, pero no por ello dejan de trabajar. Así que ya ves que **es posible sobreponerse al asco**. Como en el miedo, nos irá mejor si nos habituamos poco a poco, dando pequeños pasos siempre que podamos.

El mal comportamiento tiene la misma capacidad de activar estos estímulos. Es lo que pasa cuando decimos «Tal persona me da asco», que no siempre tiene que ver con el olfato, el gusto o la vista. Como el mundo hoy es más complejo que hace millones de años, las diferentes vertientes que puede tomar cada emoción también se han multiplicado. En general, podemos decir que el asco cumple una función socializadora, lo que significa que también intentaremos evitarla para encajar en sociedad. Nos ducharemos para que nadie nos diga que somos asquerosos y nos pondremos bien guapos cuando salgamos por ahí, para que nuestra imagen se aleje todo lo posible de alguien sucio. ¡No queremos que nadie piense en una mofeta cuando nos vea!

16

Surfear la sorpresa

Lo más importante de la sorpresa es que es una emoción neutra que intensifica a la que acompaña, algo así **como una trabajadora al servicio del resto de emociones**. Su función es hacer que respondamos todavía más rápido, ¡no hay un segundo que perder!

Mucha gente dice que no le gustan las sorpresas porque, como norma general, las asocia a algo negativo. Algo de razón tienen, ya que, por razones de supervivencia, somos más sensibles a los estímulos de las amenazas que a los asociados a las alegrías.

Al contrario que el resto de las emociones que hemos visto, **la sorpresa no tiene conductas asociadas**. En su lugar, potencia los comportamientos relacionados con la segunda emoción: si queremos huir, lo querremos todavía más, o si algo nos gusta, estaremos todavía más alegres. Sin embargo, sí que hay algunas acciones que aparecen ligadas a la sorpresa, y estas son las que hacemos, precisamente, para evitarla.

Huir de la sorpresa no es tan bueno como crees

Planificar, estar alerta o intentar mantener la concentración para que nada nos sobresalte son acciones que nacen para evitar la sorpresa, aunque a veces pueden tener el efecto contrario. Querer evitar la sorpresa a toda costa no nos provocará más que decepciones constantes.

FALSA CREENCIA	LA REALIDAD
Si no quiero sorpresas, lo mejor que puedo hacer es planificarlo todo hasta el último detalle. Así las cosas saldrán como lo he imaginado y no habrá nada que pueda provocarme un susto.	Planificar puede ser una herramienta muy útil para evitar fallos y cuidar los detalles, pero eso no implica que podamos controlar lo que va a ocurrir. Siempre pueden suceder cosas inesperadas, y debemos estar abiertos a ellas y confiar en que sabremos qué hacer cuando llegue el momento.

¿Alguna vez ibas a hacer un viaje o una actividad especial y has intentado controlar hasta el más mínimo detalle? Si lo haces habitualmente, estoy seguro de que, más de una vez, algo de tu plan no se ha cumplido. ¡Es prácticamente imposible que todo salga justo como nos lo habíamos imaginado!

A veces, pretendemos controlar cada detalle de cada situación para incrementar la sensación de control, y **cuando algo no sale como esperábamos, nos cuesta gestionarlo**. Evitar la sorpresa es cerrarse a la experiencia y a la curiosidad y, además de imposible, hará que nos cueste más encontrar el lado positivo de los cambios. Ya te habrás dado cuenta de que me gustan mucho los ejemplos, así que vamos a ver esta idea con un par de ellos.

Un chico espera que su amigo, como siempre, lo elija primero para jugar a baloncesto, pero, a la hora de formar equipos, este escoge primero al alumno nuevo. Al no esperárselo, el chico se molesta.

—No me lo esperaba de ti, me has decepcionado.

—Vaya, lo siento, pero nunca habría pensado que algo así te molestaría. Solo quería que el nuevo se sintiera integrado.

—Disculpa, visto así, creo que tienes razón. Me lo he encontrado de golpe y me ha podido la decepción.

Una chica ha pasado toda la tarde pensando cómo arreglarse para la fiesta de cumpleaños de su mejor amiga. Se ha puesto un vestido precioso, pero, cinco minutos después de llegar, a alguien se le cae la tarta cerca y el vestido se mancha.

—¿Lo puedes creer? Se me manchó el vestido.

—La verdad es que *sí* lo puedo creer, porque en una fiesta con tantísima gente, comida y vasos, lo que parece increíble es que no pasase; aunque también sería imposible que no te enfadases, yo también lo estaría.

—Buff, bueno, vamos a ver si conseguimos que esta mancha no fastidie toda la fiesta, pero de verdad que ¡qué rabia!

Qué hacer para acostumbrarnos a la sorpresa

Hay personas que tienen más dificultades para gestionar la sorpresa y que son muy sensibles a cualquier tipo de imprevisto. Por ejemplo, hay niños que, si están haciendo algo, aunque sea un juego o un dibujo, y los interrumpen para ir a comer o cenar, experimentan un ataque de rabia, que es la emoción que intenta mantenernos dentro del bienestar. La rabia les grita «¡Quédate como estás!», porque están contentos dibujando. Al venir acompañada de la sorpresa, aparece todavía con más intensidad.

Cuando crecemos, vamos teniendo más herramientas para lidiar con la sorpresa y dejamos de necesitar saber lo que va a pasar en un futuro. Pero mientras somos niños, nos puede ayudar tener cierta información, como, en el ejemplo anterior, saber que en media hora nos sentaremos a cenar y tendremos que acabar el dibujo o seguirlo más tarde.

Cuanta más práctica tienes gestionando los imprevistos, menos información necesitas sobre cómo va a ser cada paso futuro. Por eso, una buena forma de regular la sorpresa y sus mecanismos tiene que ver con planificar, sí, pero hacerlo solo en parte. Se trata de saber dónde queremos llegar, pero a la vez entender que muy probablemente encontraremos obstáculos (sorpresas). Y comprender que, aunque nos den la impresión de que nos estamos alejando de nuestro objetivo, son imprescindibles para llegar a él.

17

¿Cuánto hay que dejarse guiar por las emociones?

Puede que llegados a este punto te hagas la misma pregunta que yo: ¿cuánto hay que dejarse guiar por las emociones? ¿Me enseñan cómo es el mundo o pueden influir en mi forma de verlo?

¿Alguna vez has escuchado la frase «Lo importante es cómo te sientes»? Es muy común decirlo, como si fuera más importante cómo nos sentimos que lo que ha ocurrido para provocarnos esa emoción. Y aquí quiero ser muy claro: **la reacción emocional no puede ser tomada como un criterio de realidad**.

¿Qué significa esto? Que el hecho de que nos sintamos de determinada forma no tiene por qué darnos la razón. Por ejemplo, sentir miedo por algo no siempre significa que exista una situación peligrosa, como vimos al hablar de la imagen de una araña en la pantalla. Lo mismo pasa con la tristeza y el enfado: que se activen en nosotros no tiene por qué implicar que alguien haya hecho algo para provocarlas.

Es importante que recuerdes lo que leíste antes: las emociones pueden alterar nuestra forma de pensar. Una persona enfadada puede creer que tiene todos los motivos para sentir rabia y ofenderse con cosas que no le molestarían si estuviera calmada, y una persona triste puede repasar su pasado y encontrar recuerdos tristes donde no los había, simplemente porque la tristeza es capaz de expandirse y cambiar el color de lo que recordamos.

FALSA CREENCIA

Si algo me ha enfadado o me ha puesto triste, sabré cómo de grave ha sido midiendo la intensidad de mi emoción. Lo de menos es si se ha tratado de un detalle, un error o un acto involuntario; lo que importa es cuánto me enfada, me entristece o me asusta.

LA REALIDAD

Por supuesto que es importante fijarnos en cómo nos sentimos (al fin y al cabo, lo primero que tenemos que hacer para gestionar una emoción es identificarla y aceptarla), pero no debemos dejar que esto distorsione la verdad sobre lo que ha ocurrido.

La reacción emocional, por tanto, es una información adicional sobre lo que ha pasado, pero **nunca debería ser el único elemento sobre el que tomar decisiones**. Como conviene tener esto muy claro, vamos a verlo mejor con dos ejemplos sencillos.

Ejemplo 1. ¡Mucho cuidado con reactivar la emoción!
Imagina una persona en un estado de calma, en el que no predomina ninguna emoción. Si empieza a realizar de forma voluntaria las conductas que relacionamos con la tristeza, como encerrarse en su cuarto, bajar las persianas, escuchar música triste y pensar en momentos malos de su vida, es muy probable que acabe sintiéndose realmente triste. ¿Ha sido porque ha ocurrido algo en su vida que lo haya provocado? ¡No! **Han sido los mecanismos de reactivación los que han activado la emoción.**

Sabiendo esto, ¿crees que esta tristeza del ejemplo nos sirve para definir la realidad? ¿Verdad que no? Y, aun así, ha aparecido. Pocas personas querrán hacer un experimento como este, ¡y no me extraña! Si te lo cuento es porque, aunque parezca absurdo, en la vida hay ocasiones en las que, sin darnos cuenta, nosotros mismos somos capaces de provocarnos una emoción. A veces, decidimos salir de un equipo porque hemos tenido una discusión con los compañeros, y con eso dejamos de hacer deporte tres o cuatro veces a la semana. En esta situación pensaríamos que estamos tristes por una cosa, pero la tristeza vendría de tres vías:

1. El distanciamiento de los amigos.
2. El dejar de hacer una actividad que aporta bienestar, mejora el descanso nocturno y el rendimiento académico (deporte).
3. La pérdida de una rutina estructurada.

Ejemplo 2. Una interpretación artística

Déjame ponerte otro ejemplo. Imagina un actor en pleno rodaje de una película, al que el director le pide que transmita el dolor por la pérdida de un hijo. Este actor ni siquiera es padre en su vida real, pero está decidido a hacer la mejor actuación de su vida. El día del rodaje busca en sí mismo las emociones que quiere expresar, como el desconcierto, la desesperación y el dolor que requiere la escena. Y lo hace tan bien que, cuando tú lo veas en el cine, sentirás esas mismas emociones, e incluso puede que te haga llorar. Todo en la escena es falso, menos la activación de las emociones.

Lo mismo sucede con las películas de terror, que consiguen provocar esta emoción a pesar de que, cuando las ves, sabes que te encuentras a salvo. Estás en un cine donde no hay monstruos ni asesinos, y, aunque no te vaya a pasar nada, el miedo que se te despierta es completamente real.

Después de leer estos dos ejemplos, ¿tú qué opinas? Espero que te hayan servido para que comprendas que las emociones no son un criterio de realidad absoluto, o lo que es lo mismo, que **no podemos fiarnos solo de ellas para valorar lo que nos ocurre**. Las emociones se esfuerzan mucho por ser útiles, pero no son perfectas y, a veces, la vida moderna las engaña y hace que se activen y nos confundan.

Si alguien se deja guiar siempre por sus emociones, tiene más posibilidades de acabar solo o triste que no feliz. Por ese motivo, hemos inventado maneras para doblegarlas y ser capaces de comprometernos a actuar de una forma determinada. No tenemos que negar lo que sentimos, hay que aceptarlo sin crítica, pero **no deberíamos dejar el timón de las decisiones de nuestra vida a las emociones**, o estaremos siempre a la deriva.

Epílogo

Entender para sentir mejor

Ahora ya sabes todo lo necesario sobre las emociones. ¡Menudo viaje! Te has metido de lleno en su mundo de colores y ya conoces su origen, el motivo por el que nos acompañan desde hace tantos años, su utilidad y cómo se esfuerzan por protegerte.

El mundo ha cambiado mucho desde que las emociones aparecieron por primera vez. Ya no tenemos que huir corriendo de los depredadores ni cazar nuestra comida, y eso es un reto para ellas que tenemos que asumir nosotros. **No siempre nos aconsejan bien, pero no podemos decir que sean malas**; ellas también están aprendiendo a responder al mundo y a guiarnos de la mejor forma. Ten en cuenta que son muy rápidas y, si las entrenas bien y les enseñas cómo ayudarte, **haréis un equipo imbatible**.

La posibilidad de trabajar con nuestras emociones es muy importante. ¡Nunca te conformes con dejarte llevar por ellas! Si alguien dice que no sale a la calle porque es muy tímido, tú sabrás que quedarse en casa y aislarse no va a ayudarle a gestionar su miedo. Esa persona tiene que enfrentarse a su timidez y salir a pasear y a relacionarse con los demás, porque eso le dará libertad. Las emociones no quieren aislarnos, quieren que estemos bien, y saben que eso implica compartir tiempo con los amigos y familiares y hacer cosas al aire libre. Si la emoción se ha hecho tan grande que está provocando lo contrario, tenemos que ayudarla a disminuir.

FALSA CREENCIA

Una persona triste no querrá hacer muchos planes y hay que entenderla, igual que una persona tímida no querrá ver a mucha gente o alguien asustadizo preferirá no hacer planes que refuercen sus miedos.

LA REALIDAD

¡Todos podemos trabajar nuestras emociones! No importa si sientes más rabia, tristeza o miedo que otro; tú también tienes la posibilidad de salir de las conductas repetitivas de esa emoción. Todo empieza por entender qué estás sintiendo y ponerte manos a la obra para gestionarlo mejor.

Otra de las cosas que hemos aprendido es que, en realidad, hay muy poquitas emociones primarias, y que de la combinación de esas pocas salen todas las demás. Así, para manejar bien emociones secundarias como la vergüenza o la culpa, tendremos que preguntarnos cuáles son las emociones básicas que las conforman.

Y el amor, ¿qué?

Quizás, ahora que llegamos al final, te preguntarás por qué no te he hablado del amor. Si hay tantas historias, libros y películas que cuentan historias de amor, ¿cómo es que no estaba entre las emociones de las que te he hablado?

La respuesta es muy sencilla: **el amor no es una emoción básica**. Es un sentimiento que va mucho más allá, por encima de las emociones, incluso en otra dimensión. El amor une a las personas entre ellas, pero fíjate en esto: puedes estar muy enfadado con alguien a quien quieres mucho. Es posible que tus padres se hayan disgustado algunas veces contigo, pero eso no ha hecho que te quieran menos, ¿verdad? Esto es porque **el amor no tiene unos mecanismos tan sencillos como la rabia, el miedo, la tristeza, la alegría, el asco y la sorpresa**.

Las personas que se quieren también reaccionan ante la persona querida con el mismo abanico de emociones que has aprendido en el libro. Es casi como la sorpresa, un intensificador de las emociones que, en este caso, dura mucho más tiempo. Nos entristecen más las decepciones que vienen de personas queridas, nos duele más cuando nos hacen daño y también nos enfadamos más con ellas. Cuando hay amor, todo ocurre a lo grande.

¿Quieres saber una pista para diferenciar el amor del resto de las emociones? El amor no es de reacción rápida, sino que aparece lentamente. Como la mejor comida, se crea a fuego lento, se genera conviviendo, se hace compartiendo, se construye en intimidad y requiere tiempo. Y también, a diferencia de las emociones básicas, dura muchísimo más.

Si lo que queremos es entender las emociones para vivir mejor, **con las seis emociones primarias que hemos trabajado estaremos más que preparados**. Ahora toca poner en práctica lo aprendido, con paciencia para cambiar comportamientos automáticos y ganas para aceptar lo que sientes en cada momento. Recuerda que lo que vale para ti también vale para los demás. Con todo lo que has aprendido sabrás surfear tus emociones y también podrás ayudar a otros a descubrir cómo hacerlo.

Bibliografía

Cancrini, L., *Escuchar a los niños: Psicoterapia de la infancia negada*, Sitges, Editorial Eleftheria S. L., 2021.

Greenberg, L., *Emociones: una guía interna*, Bilbao, Descleé de Brouwer, 2000.

Harris, P. L., *Los niños y las emociones*, Madrid, Alianza, 1992.

Linares, J. L., *Terapia familiar ultramoderna: La inteligencia terapéutica*, Barcelona, Herder, 2012.

Linehan, M., *Skills training manual for treating borderline personality disorder* (vol. 29), Nueva York, Guilford Press, 1993.

Miller, A. L., J. H. Rathus, M. M. Linehan, *Dialectical behavior therapy with suicidal adolescents*, Nueva York, Guilford Press, 2007.

Watzlawick, P., J. B. Bavelas, D. D. Jackson, *Teoría de la comunicación humana: Interacciones, patologías y paradojas*, Barcelona, Herder, 2011.